LES ECOLES NORMALES DE FILLES AU QUEBEC

LES ÉCOLES NORMALES DE FILLES AU QUÉBEC

Jeannette Létourneau

fides

Couverture :
Conception graphique de Michel Gagnon.

ISBN : 2-7621-1117-X

Dépôt légal : 4e trimestre 1981. Bibliothèque nationale du Québec.

Achevé d'imprimer le 1er octobre 1981, à Montréal, aux Presses Elite Inc., pour le compte des Éditions Fides.

Abréviations

AQ — Archives du Québec

ACNDM — Archives de la Maison mère, Congréga-tion de Notre-Dame, Montréal

APSQ — Archives du Petit Séminaire de Québec

AVMUQ — Archives du Vieux Monastère des Ursu-lines de Québec

EP — L'Enseignement primaire

JCABC — Journaux de la Chambre d'Assemblée du Bas-Canada

JIP — Journal de l'Instruction publique

PVCCCIP — Procès-verbaux du Comité catholique du Conseil de l'Instruction publique

RSIP — Rapport du Surintendant de l'Instruc-tion publique

Avant-propos

Sous l'impulsion du Rapport Parent la formation des maîtres au Québec devenait en 1969 la responsabilité exclusive des universités. L'événement coïncidait avec l'établissement de l'Université du Québec, à qui fut confiée la formation des maîtres, en remplacement des écoles normales traditionnelles. Dans leur évaluation des écoles normales encore existantes à l'époque, les membres de la Commission royale d'enquête sur l'enseignement avaient souligné certains faits caractéristiques : l'accroissement numérique de ces écoles au cours de plus d'un siècle, leur grande dispersion, leur dimension restreinte et leur type de fonctionnement pédagogique. C'est à partir de ces caractéristiques évidentes que fut amorcée l'histoire des écoles normales de jeunes filles au Québec, dont la contribution à la cause de l'éducation québécoise n'avait pas été suffisamment soulignée, ni étayée à même les sources.

Dans un pays encore en voie de développement comme ce fut le cas du Québec durant le XIXe siècle et pendant une bonne partie du XXe siècle, les écoles normales de filles ainsi que les diverses institutions scolaires furent créées selon les besoins de la société, compte tenu des circonstances géographiques, économiques, politiques, scolaires et religieuses de chaque époque. De plus, l'histoire universelle de l'éducation révèle depuis le XIVe siècle la généralisation de l'éducation pour tous. Il s'ensuit que l'attention des gouvernements se soit portée davantage sur la quantité de la clientèle à servir plutôt que sur la qualité de l'enseignement à dispenser, laquelle n'a pu être assurée que tardivement. Le Québec ne fit pas exception à cette règle.

Trois dates apparaissent significatives dans l'histoire de l'amélioration de la qualité de l'enseignement, en ce qui concerne spécialement les écoles normales de filles, soit 1841, 1898 et 1939.

La première étape marque le début de l'institution des bureaux d'examinateurs dans différents districts du Québec. Durant cette période qui s'échelonne jusqu'à la fin du XIXe siècle, opère une seule école normale de jeunes filles, fondée en 1857, préparant alors une minorité d'institutrices vraiment qualifiées, pendant que les bureaux d'examinateurs, multipliés et décentralisés à travers la province se montrent plutôt indulgents pour les futurs maîtres non normaliens dont on a un urgent besoin.

La deuxième étape, véritable tournant dans l'effort d'amélioration de l'enseignement au Québec, devait être franchie en 1898, grâce à la centralisation des bureaux d'examinateurs. Au cours des années qui suivirent, les écoles normales de jeunes filles commencèrent aussi à se multiplier de diocèse en diocèse sous l'instigation du clergé et des communautés religieuses féminines, déjà présentes un peu partout dans les écoles, et cela avec l'approbation et le support modéré de l'État.

Néanmoins une remise en question de la qualité de l'enseignement provoquait en 1939 l'abolition du Bureau central des examinateurs pour les maîtres, organisme qui avait joué un rôle régulateur pour les instituteurs et institutrices formés hors des écoles normales ; désormais, toute la formation pédagogique relèvera de ces écoles. Plusieurs couvents sont alors transformés en écoles normales, de sorte que leur nombre s'élèvera à 72, en 1962. Ce fut l'apogée des écoles normales de filles et aussi le début de leur déclin rapide dans la décennie qui suivra.

Cette histoire serait incomplète sans un chapitre préliminaire qui explique brièvement les origines du système scolaire au Québec, depuis le début du XIXe siècle jusqu'à 1840, ainsi que les premières tentatives d'institutionnalisation de la formation des maîtres, couronnées d'un certain succès, même si elles furent de courte durée, étant donné les circonstances défavorables de l'époque.

Chaque période fait état des éléments suivants : le contexte d'ensemble de la société québécoise scolaire, les circonstances particulières de fondation des écoles normales de filles et leur fonctionnement tant au point de vue financier que pédagogique.

C'est en se référant aux archives des communautés féminines concernées que furent retrouvés les détails nécessaires à la présentation d'une histoire, parfois assez brève, des nombreuses écoles normales de jeunes filles. À l'occasion de visites aux maisons religieuses, des interviews avec les anciennes directrices et les professeurs du temps permirent de confirmer certains renseignements écrits. En plus de ces sources précieuses, il faut mentionner les Archives du Québec, celles du Petit Séminaire, de même que les bibliothèques du ministère de l'Éducation et de l'Assemblée législative. Ainsi, il fut possible de compléter ou de suppléer aux documents non conservés dans les écoles normales transformées.

On peut affirmer que cette histoire n'est qu'un jalon dans la grande histoire de l'éducation au Québec. Puisset-elle se continuer en tenant compte des éléments dynamiques qui orientèrent, chez nous, la formation de milliers d'institutrices.

PREMIÈRE PARTIE

Développement au ralenti

1
L'origine des écoles normales
(1800-1840)

L'institution stable d'écoles normales au Québec remonte à la Loi des écoles normales de 1856 ; il est donc important de rappeler les antécédents de cette institution, à partir du contexte social et scolaire du Québec pendant la première partie du XIXe siècle.

LA SOCIÉTÉ DU BAS-CANADA DE 1800 À 1840

Au début du XIXe siècle, la population du Bas-Canada augmente à un rythme extraordinaire bien qu'un fléchissement de la natalité, attribuable aux conditions économiques, affecte quelque peu sa courbe ascendante. Deux fois, le taux de mortalité augmente à cause des épidémies de choléra ; de même, la nuptialité connaît une baisse pendant l'insurrection de 1837-1838. L'événement qui marque davantage l'aspect démographique, c'est l'encombrement des zones habitées. Les difficultés rencontrées dans la concession des terres provoquent un exode qui atteindra son sommet à la fin du siècle[1]. Que de fluctuations aussi dans l'économie de la province !

Vers 1800, le commerce des fourrures décline rapidement et cède la place aux produits agricoles sur les marchés extérieurs. Toutefois, la vente du blé canadien ne peut se maintenir longtemps ; les méthodes de culture n'étant pas renouvelées, les sols s'épuisent et engendrent de mauvaises récoltes. La demande du bois, en Angleterre, sauve l'économie du pays. Profitant de la conjoncture favorable, le port de Québec fournit dans les chantiers navals du travail à bon nombre de Québécois, sauf pendant la guerre de 1812 qui provoque une diminution des exportations de bois. Après cette guerre, débute une véritable crise agricole qui s'aggravera jusqu'en 1838[2].

Pour assurer le développement maximum de la colonie, une étroite collaboration aurait été nécessaire entre l'élément français et l'élément anglais. Le contraire existe le plus souvent ; à l'Assemblée législative, une lutte est engagée entre la majorité canadienne-française et les chefs d'entreprises anglo-canadiens. Les solutions proposées par les uns semblent contraires aux intérêts des autres. Cependant, le gouverneur Prévost réussit à réaliser une certaine harmonie. Grâce à son action, la fidélité et la coopération des Canadiens français lui sont assurées au moment de la guerre avec les Américains. Des pétitions présentées à Londres ont peu de succès. En 1834, l'acceptation par la Chambre des « 92 Résolutions » laisse présager une crise sérieuse : les insurrections sanglantes de 1837 et de 1838. À cette occasion, le clergé prêche la soumission au pouvoir établi et impose même des sanctions très graves aux révolutionnaires. Les relations demeureront tendues entre les autorités et la masse du peuple canadien-français[3]. L'école catholique et française liée à la vie du peuple est tributaire de ces nombreux problèmes qui, jour après jour, fortifient ou menacent son existence.

LES DÉBUTS DU SYSTÈME SCOLAIRE

Au lendemain de la conquête, l'angoisse est grande chez les survivants des paroisses du Canada français. Bien que l'exercice de la religion catholique ait été autorisé en vertu des lois de la Grande-Bretagne, il en est tout autrement pour la langue française : rien, dans les Capitulations de Québec et de Montréal ou dans le Traité de Paris, ne protège cet héritage de la France. Dans ses instructions au gouverneur, sa Majesté ordonne même d'interdire à tout instituteur la tenue d'une école, sans une permission particulière. Selon la coutume de l'époque, le vainqueur aurait pu imposer sa foi et sa langue au peuple conquis ; mais, devant la résistance des Canadiens, les autorités britanniques usent de tolérance et de compréhension. La bienveillance des gouverneurs donne de l'espoir à l'Église qui, depuis l'ancien régime, continue de se considérer comme la première responsable de l'instruction et de l'éducation[4].

En 1789, lord Dorchester soumet un projet scolaire comprenant une école élémentaire dans chaque paroisse, une école d'un niveau plus élevé dans chaque comté et une université qui couronnerait le tout. Devant l'opposition de Mgr Hubert, qui ne peut accepter la proposition d'une université neutre, le projet en reste là et n'est repris qu'au début du XIXe siècle.

Votée en 1801, la première loi scolaire donne au gouverneur des pouvoirs extraordinaires pour instaurer, sous la tutelle de l'État, un système d'éducation publique[5]. L'article 2 de la loi établit un véritable ministère de l'Instruction publique chargé de surveiller la construction des écoles, la valeur pédagogique et morale des maîtres et l'administration des biens de l'Institution royale. Devant servir une population dont la majorité est catholique et francophone, la loi autorise deux catégories d'écoles : les écoles royales et les écoles séparées. Il est possible aux Canadiens français d'utiliser l'ensemble des dispositions de cette loi pour mettre sur pied les écoles qui répondent à leurs besoins. En réalité, les écoles établies dans les paroisses catholiques sont des écoles catholiques, dirigées par des maîtres catholiques.

Quel est le bilan de l'Institution royale ? N'ayant reçu ses lettres patentes qu'en 1818, elle gratifie le pays, à ce moment-là, de 35 écoles ; en 1838, on en retrouve 37, alors que 82 écoles avaient déjà fonctionné en 1830[6]. Par suite de l'opposition des catholiques, le gouvernement du Canada, à partir de 1821, tente une action auprès du gouvernement impérial pour obtenir l'établissement de deux comités, l'un pour les catholiques, l'autre pour les protestants.

En 1824, une nouvelle loi scolaire, celle des Écoles de fabriques, autorise les fabriques à posséder des biens meubles et immeubles nécessaires à la fondation et au soutien d'écoles élémentaires dans les limites de la paroisse. À cet effet, on peut utiliser un quart des revenus paroissiaux. Mais si les paroissiens ont besoin de liberté, il leur faut aussi une source de financement. La pauvreté règne un peu partout ; aussi, une cinquantaine d'écoles seulement pourront fonctionner en vertu de cette loi. Le clergé paraît se soucier moins du besoin d'écoles primaires que de la construction, de la réfection et de la décoration des églises. Devant l'inertie des curés de campagne, les députés présentent la loi des syndics[7].

Cette loi de 1829, nommée Loi des écoles de syndics, confère au Parlement du Bas-Canada l'autorité suprême dans le domaine de l'éducation. Par son « Comité permanent pour l'éducation et les écoles », la Chambre d'assemblée assouplit les rouages administratifs et confère plus d'efficacité à son action. L'aide gouvernementale enfin apportée à la Commission des syndics, élus par les contribuables permet non seulement la construction d'écoles, mais aussi la rémunération du maître et un secours fondamental aux plus démunis. Appelés à choisir les syndics, les pères de familles devront jouer un rôle actif dans la solution des problèmes scolaires bien que la surveillance de l'école revienne de droit au curé de la paroisse.

Cette loi et les amendements de 1830 et de 1831 montrent la préoccupation des gouvernants au sujet de l'aspect pédagogique de l'école. Après l'élaboration de règlements, des inspecteurs sont nommés pour visiter les écoles. En 1832, une nouvelle loi remplace celle de 1829 et constitue un véritable code scolaire portant sur les devoirs des instituteurs, les certificats de compétence, etc.[8].

Malheureusement, la loi de 1832 expire le 15 mai 1834. Prolongée jusqu'au 1er mai 1835, elle n'est pas remplacée et à cause des troubles de 1837, le Bas-Canada sera privé de loi scolaire jusqu'en 1841. Tout de même, à la suite des premières lois scolaires, le pays avait été pourvu de « 1821 écoles fréquentées par 36 000 élèves[9] ».

LES PREMIÈRES TENTATIVES DE FORMATION DES MAÎTRES

La multiplication des écoles fait surgir partout dans la province le besoin de maîtres, auquel des hommes courageux trouvent des solutions d'urgence : parmi les plus zélés, le docteur Jacques Labrie de Saint-Eustache et le protonotaire Joseph-François Perrault de Québec.

Initiatives privées

Le docteur Jacques Labrie, qui fait figure de proue en établissant deux écoles supérieures à Saint-Eustache, l'une pour les garçons, l'autre pour les filles, est directeur des deux écoles et prend une part de responsabilité dans l'enseignement. Les écrits du surintendant Meilleur peuvent certifier de la qualité des institutrices formées à l'école du docteur Labrie. On peut affirmer que cette école a joué en quelque sorte le rôle d'une école normale.

Quant à Joseph-François Perrault, surnommé le « Père de l'éducation du peuple canadien[10] », son rôle est primordial dans la Société d'éducation de Québec, dont il est le fondateur et le premier président[11]. Il réussit, en outre, à construire dans le faubourg Saint-Louis deux écoles élémentaires pour garçons et filles et il organise une ferme-école pour améliorer l'état déplorable de l'agriculture. De ces institutions, Joseph-François Perrault peut écrire à la Chambre d'assemblée qu'il en sort des maîtres et des maîtresses bien préparés à l'enseignement. Le gouvernement reconnaît son mérite puisque nous retrouvons dans les lois concernant l'éducation les nombreuses subventions qui l'aidèrent à soutenir son œuvre au profit des enfants pauvres de la ville de Québec[12].

Le rapport du Comité permanent d'éducation de 1836

Les efforts déployés par quelques hommes dévoués sont insuffisants pour répondre à la demande de maîtres ; c'est pourquoi le 25 janvier 1836, les membres du Comité permanent d'éducation présentent au gouvernement un rapport qui souligne cette insuffisance :

> Si les progrès de l'éducation n'ont pas été plus grands et en raison des encouragements généreux de la législatu-

re, cela est plutôt dû au manque de Maîtres et d'Institutrices suffisamment qualifiés que faute de dispositions de la part du peuple.

C'est pourquoi votre Comité recommande instamment à votre Honorable Chambre la nécessité de pourvoir sans délai à l'établissement d'écoles normales d'où l'on puisse tirer des maîtres suffisamment qualifiés tant pour les écoles élémentaires que pour les écoles supérieures[13].

Parmi les témoins entendus au Comité permanent d'éducation, Jérôme Demers, vicaire général du diocèse de Québec, semble avoir directement influencé le contenu de la loi[14]. Après avoir suggéré le site des futures écoles normales, il argumente sur le programme, les professeurs, l'administration et le but de ces écoles.

LA LOI DES ÉCOLES NORMALES DE 1836 ET LES PREMIÈRES NORMALIENNES

À la suite du Rapport du Comité permanent d'éducation, M. Huot, président du Comité, présente un projet de loi à la session de 1836[15]. Sans grandes difficultés, le bill est adopté par la Chambre, agréé par le Conseil législatif et sanctionné par le Gouverneur sous le nom d'*Acte pour pourvoir à l'établissement d'écoles normales*[16].

Dans les villes de Québec et de Montréal, un comité élu par les notables doit s'occuper de l'établissement et de l'organisation d'une école normale. Élu pour une période de cinq ans, le Comité de régie doit trouver le local convenable, engager des professeurs compétents, fixer le programme et la durée des études, édicter les règlements disciplinaires et émettre les certificats de compétence aux élèves méritants. Un budget est mis à la disposition du Comité, c'est-à-dire une somme de 400 louis, pour trouver des professeurs et acheter du matériel didactique ; un montant de 600 louis est alloué pour le salaire des professeurs et 250 louis, pour le loyer de l'édifice. Ces deux dernières allocations sont votées pour cinq ans. Des rapports devront être soumis à la législature. À l'article 10, on remarque qu'une somme annuelle de 120 louis est accordée aux couvents des Ursulines de Québec et de Trois-Rivières ainsi qu'à celui des Sœurs de la Congrégation de Notre-Dame pour leur permettre de recevoir cinq filles ou plus qui consentiraient à devenir institutrices.

La loi vient de lancer le projet des écoles normales. Quels en furent les résultats ? À Québec, la Société d'éducation qui s'est chargée de la régie de cette école pour le district suggère de fournir un local aux premiers normaliens. On soumet au gouvernement le budget suivant :

Quatre professeurs à 150 louis chacun	600 louis
Livres, cartes, instruments	400 louis
Dépenses contingentes	200 louis[17].

Deux procès-verbaux du Comité de régie permettent de juger des responsabilités alors confiées à l'abbé John Holmes ; malheureusement, l'école normale restera à l'état de projet.

Du côté de Montréal les démarches de l'abbé Holmes sont plus heureuses. Ses rapports avec le maire Viger aboutissent très vite à des projets concrets[18]. Comme il doit se rendre en Europe, l'abbé Holmes passe par les États-Unis afin de visiter des institutions analogues, chercher des professeurs et choisir des manuels appropriés. Après de multiples démarches, c'est en Europe que l'abbé Holmes trouve deux professeurs : François Regnaud, de l'école normale de Montbrison en France, et Andrew Findlater, d'Écosse. Le premier aura la direction de l'école normale de Montréal et le second sera son adjoint tout en s'occupant de la section anglaise. Le 5 septembre

1837, l'école normale de Montréal ouvre ses portes à une dizaine d'internes. En même temps, des troubles politiques éclatent à Montréal et dans la région du Richelieu. Heureusement, cette crise affecte assez peu les activités scolaires et tout se déroule tel que prévu jusqu'en 1842.

Le rôle joué par le comité de régie de Montréal est déterminant dans la mise en opération de l'école normale de Montréal. Cet organisme tient sa première séance le 15 avril 1836 et sa dernière le 2 juillet 1842[19]. Le 4 novembre 1837, au retour d'Europe de l'abbé Holmes, le comité se réunit pour la dix-septième fois ; son travail ne se termine pas là puisqu'on retrouve en tout vingt-huit procès-verbaux de ses réunions. Il faut noter que durant les cinq années de son existence, l'école normale de Montréal aura reçu 19 élèves. En 1842, cependant, « l'œuvre disparaissait non sans causer de vifs regrets aux amis de l'éducation. Quelques normaliens enseignèrent à Montréal, d'autres plus nombreux, à la campagne[20] ».

Pour la préparation des institutrices, des arrangements avaient été rapidement conclus avec les Ursulines de Québec et de Trois-Rivières et aussi avec la Congrégation de Notre-Dame pour la région de Montréal.

C'est dans les *Annales* des Ursulines qu'on trouve le récit des événements concernant l'établissement, au monastère, de la section féminine en 1836[21]. Le Comité de régie de Québec pourvoit pendant trois ans à la pension de cinq jeunes filles qui résident dans le district de Québec et désirent se préparer à l'enseignement. Les parents ou tuteurs des jeunes filles font eux-mêmes la demande d'admission pour laquelle sont exigées plusieurs conditions : quatorze ans d'âge, certificat de moralité, connaissances suffisantes au point de vue de la lecture, de l'écriture et de l'arithmétique, engagement de service pendant cinq ans ou remboursement des dépenses encourues.

Des six élèves inscrites au monastère des Ursulines de Québec, l'une choisit la vie religieuse, quatre, l'enseignement et une seule doit quitter pour cause de maladie après quelques mois d'étude. Aux Trois-Rivières, trois jeunes filles sur les cinq enseignent pendant de longues années ; l'une d'elles, Marie-Françoise Dugré devenue ursuline, se dépensera dans l'éducation jusqu'en 1887. Les religieuses de la Congrégation de Notre-Dame accueillent cinq ou six jeunes filles mais nous ignorons les détails de leur carrière d'enseignante.

Les premières écoles normales de jeunes filles cessent d'opérer en 1839, après trois ans d'existence, au grand mécontentement des amis de l'éducation de la jeunesse.

En dépit des efforts déployés dans cette période difficile de l'histoire du Québec, les premières écoles normales avaient malheureusement fermé leurs portes. Adélard Desrosiers et Jean-Baptiste Meilleur donnent les raisons de leur fermeture :

> La première cause de la disparition des écoles normales de 1836, fut, selon Adélard Desrosiers, le caractère non confessionnel de l'institution de Montréal et la seconde, selon le Dr Jean-Baptiste Meilleur, la perte de temps passé à la recherche des maîtres européens et les troubles de 1837-1838[22].

La première cause est difficile à étayer ; il n'y eut apparemment aucun conflit entre catholiques et protestants dans les comités de régie et pas davantage chez le personnel de l'école normale de Montréal. La seule explication plausible sur ce point réside dans l'attitude de Mgr Jean-

Jacques Lartigue qui fit un tapage considérable autour de la Loi des écoles normales parce qu'il n'y était fait aucune mention de la confessionnalité[23]. Quant à la deuxième cause, soulignée par Adélard Desrosiers, elle semble peu fondée. Les démarches entreprises par l'abbé John Holmes pour trouver des maîtres en Europe ont sans doute retardé quelque peu l'ouverture de l'école normale de Montréal, mais les témoignages de l'époque établissent la haute valeur des deux étrangers qui furent recrutés et l'estime qu'on leur portait. Les troubles de 1837-1838 qui n'auraient contribué qu'indirectement à la fermeture des écoles mirent fin à la loi qui les avait fait naître.

Quoi qu'il en soit, on a pu affirmer que les écoles normales de 1836 furent parmi les premières du genre en Amérique. Même si elles ne purent se maintenir, elles tracèrent la voie à la législation de 1856.

Notes

1. Fernand OUELLET, *Histoire économique et sociale du Québec*, p. 158.
2. *Ibid.*, 152-155, 188-194.
3. A. GARON, « Le Bas-Canada (1792-1838) », in Jean HAMELIN, *Histoire du Québec*, p. 290-343.
4. F. OUELLET, « L'Enseignement primaire : responsabilité des églises ou de l'État (1801-1836) », in Marcel LAJEUNESSE, *L'Éducation au Québec 19e-20e siècles*, p. 19-39.
   Voir aussi Claude GALARNEAU, *Les Collèges classiques au Canada français*, passim.
5. *Statuts provinciaux du Bas-Canada*, 41 Guil. III, 1801, chap. 17, p. 129-130.
6. Lionel GROULX, *L'Enseignement français au Canada*, vol. 1, p. 191-192.
7. R. CHABOT, *Le Curé de campagne et la contestation locale au Québec de 1791 aux troubles de 1837-1838*, p. 36-43.
8. *Statuts provinciaux du Bas-Canada*, 2 Guil. IV, 1832, ch. 26, p. 465.
9. Lionel GROULX, *op. cit.*, p. 91.
10. P.-B. CASGRAIN, *La Vie de Joseph-François Perrault*, p. 140.
11. « Entrevue de M. J.-F. Perrault avec le Comité spécial chargé d'étudier la requête du comité de la Société de Québec pour l'éducation », 11 décembre 1821, *Journaux de la Chambre d'Assemblée du Bas-Canada* (désormais *JCABC*) vol. 31, 1882, p. 82-83, plus les index non paginés.
12. *Statuts provinciaux du Bas-Canada*, 1823-1846.
13. « Troisième rapport du Comité d'Éducation de l'Assemblée législative », 25 janvier 1836, *JCABC*, vol. 45, 1836, Appendice (O, O).
14. Jérôme DEMERS, « Entrevue avec le Comité d'Éducation de l'Assemblée législative », 5 décembre 1835, *JCABC*, vol. 45 ; Appendice (O, O).
15. *JCABC*, vol. 45, p. 392, 403, 405, 441, 457, 477, 648, 702, 703.

16. *Statuts provinciaux du Bas-Canada*, 6 Guil. IV, 1836, ch. 12, p. 55-56.

17. *JCABC*, vol. 45, Appendice (O, O).

18. Archives du Petit Séminaire de Québec (désormais APSQ) « Correspondance de l'abbé John Holmes avec Jacques Viger », polygraphie 42, nos 16-30.

19. Auguste GOSSELIN, « L'Abbé Holmes et l'instruction publique », *Mémoire de la Société royale du Canada*, t. 1, p. 170.

20. Adélard DESROSIERS, *Les Écoles normales primaires de la province de Québec et leurs œuvres complémentaires*, p. 72.

21. Archives du Vieux Monastère des Ursulines de Québec (désormais AVMUQ), « Annales des Ursulines de Québec », t. II, p. 197.

22. L.-P. AUDET, *Histoire de l'enseignement au Québec*, t. 1, p. 369.

23. « Archives de l'Archevêché de Montréal », vol. I, p. 112 et ss., dans le *Rapport de l'Archiviste de la province de Québec, 1944-1945*, p. 117-122, 143, 154, 167.

2

L'École normale Laval et sa section féminine (1841-1898)

La disparition des premières écoles normales avait causé une amère déception aux éducateurs. Qu'adviendrait-il maintenant de la formation des maîtres au lendemain des années troublées de 1837-1838, où le pays se retrouvait sans loi scolaire.

On peut parler d'un nouveau mais pénible départ pour le Bas-Canada, à cette époque. Le système scolaire doit aussi être réorganisé sur de nouvelles bases. Il faut attendre à 1856 pour que soit promulguée, par une nouvelle loi du gouvernement, l'institution permanente des écoles normales. Pourtant la mise en œuvre d'écoles normales de jeunes filles se résume alors à une seule institution, celle des Ursulines de Québec fondée en 1857 comme une section de l'école normale Laval. Elle sera l'unique école normale officielle de jeunes filles jusqu'à la fin du siècle.

LE QUÉBEC DE 1840 À 1900

Dans le but de contrer le nationalisme des Canadiens, le gouvernement de Londres avait imposé l'union du Haut et du Bas-Canada en 1840[1]. Puis, par l'Acte de l'Amérique britannique du Nord de 1867, le Québec entra dans la Confédération canadienne.

Divers indices sociaux montrent que ce nouveau départ ne fut pas sans difficultés pour le Québec. Le taux d'augmentation de la population s'abaisse de façon alarmante dans l'espace d'un demi-siècle ; de 27,71% en 1851, il passe à 10,74% en 1901. L'immigration est au plus bas, car les étrangers préfèrent les provinces anglaises où les perspectives d'avenir semblent plus intéressantes. Les Canadiens français continuent à émigrer vers l'Ouest et les États-Unis. On évalue à 500 000 le nombre des partants entre 1861 et 1901[2]. Ces départs ne sont pas compensés par la natalité dont le taux passe de 41,2% à 36,28% ; de plus le taux de mortalité s'élève de 13,1% à 18,5%. Un autre phénomène marque profondément la mentalité du peuple du Québec : en trente ans, la proportion des ruraux passe de 80% à 60% au profit surtout de Montréal où la population quintuple de 1851 à 1901. Cette ville devient la métropole du Canada, centre des industries, du commerce et des sièges sociaux.

La bourgeoisie montréalaise, enrichie dans le commerce des fourrures, des céréales et du bois, oriente son activité vers de nouveaux secteurs économiques introduits grâce à l'abolition des tarifs préférentiels de l'Angleterre. Désormais le Canada entre dans une économie internationale ou, pour le moins, nord-américaine. Les Canadiens français, instruits par l'échec de 1837-1838, se plient à certains objectifs fondamentaux de la bourgeoisie d'affaires, en particulier la modernisation de la nouvelle économie sur laquelle se greffe la construction des chemins de fer. Trois événements favorisent la prospérité au début de cette période : la guerre de Crimée, le Traité de réciprocité avec les États-Unis et la Guerre de Sécession. Malheureusement, la crise mondiale de 1873 à 1896 frappe durement le Canada[3]. Grâce à leurs ressources naturelles, à la technique nouvelle, à la concentration financière, au volume de leur marché national, les Américains peuvent abaisser les coûts de production à mesure que s'élèvent les prix de vente. Il n'est pas surprenant de voir les Québécois attirés par les filatures de la Nouvelle-Angleterre !

L'agriculture, plutôt de subsistance, retient peu les fils de cultivateurs ; elle passe de la culture des céréales à l'industrie laitière, plus favorable au sol du pays. De nombreux Québécois, au lieu d'émigrer à l'étranger, s'orientent vers la colonisation des régions de l'Outaouais, du Lac-Saint-Jean et de la Gaspésie ; c'est alors que l'étendue des terres cultivées passe de 1 400 000 à 3 000 000 hectares[4]. Mais très souvent, le colon ne peut subsister sur sa terre qu'avec l'apport des chantiers forestiers.

À la colonisation est reliée la construction des chemins de fer, gouffre qui engloutit les capitaux d'un gouvernement trop pauvre. En 1877, les sommes payées s'élèvent à 3 481 670 dollars alors que les revenus de la province se chiffrent à 2 433 111 dollars. Pareil fardeau financier freine le progrès du Québec que ralentit davantage un système routier insuffisant et défectueux. Quant aux petites industries, elles répondent à peu près aux divers besoins de la population ; mais on ne peut guère compter sur le système scolaire pour former des techniciens qui aideraient au développement industriel.

C'est au milieu de ces circonstances plutôt difficiles que se situent l'établissement du système scolaire, le problème de la formation des maîtres et la fondation de la première école normale de jeunes filles.

L'ÉTABLISSEMENT DU SYSTÈME SCOLAIRE

Une ordonnance du gouvernement provisoire des années 1838-1840 crée vingt-deux districts municipaux chargés de recevoir l'argent destiné aux écoles et de percevoir un montant égal par le moyen des taxes scolaires directes. Ce sont de véritables bureaux d'éducation, responsables aussi du partage des paroisses et des arrondissements scolaires. La loi de 1841 vient apporter d'autres innovations[5] : elle donne aux paroisses des commissaires élus chargés d'ériger des écoles, d'engager des maîtres, d'adapter les programmes d'études selon les exigences des bureaux d'examinateurs, etc. Le principe de la dissidence est reconnu à l'article XI. Même si elle marque un pas en avant, la loi de 1841 sera complétée surtout par celle de 1846.

En 1845, l'administration Viger-Draper substitue un système de contribution volontaire à celui de la cotisation obligatoire. Si la loi a l'avantage de confier l'administration locale à un conseil élu en prenant pour base l'unité paroissiale, elle devient inopérante à cause de la liberté laissée aux contribuables concernant la taxe scolaire. Le « peuple avait conservé de l'ancien régime français une profonde horreur de toute espèce d'impôts[6] ». Il faut donc dès l'année suivante rétablir la taxe scolaire foncière.

La réforme survient le 9 juin 1846, lorsque le Parlement du Canada-Uni adopte une nouvelle loi scolaire, plus importante que toutes les précédentes. Cette loi établit des écoles communes, fixe les devoirs des commissaires, précise les droits des minorités, détaille longuement les modalités d'évaluation foncière et des cotisations à prélever pour le soutien des écoles. Elle décrète l'établissement d'un bureau d'examinateurs pour le choix des instituteurs dans les villes de Québec et de Montréal, clause importante qui introduit au niveau du gouvernement une responsabilité quant au choix de maîtres plus compétents dans les écoles de ces deux villes.

L'organisation scolaire, élaborée en 1841, sera parachevée en trois étapes. En 1856, le Conseil de l'instruction publique est fondé pour assister le surintendant des écoles et, en 1869, deux comités sont créés, l'un catholique et l'autre protestant, pour régler séparément les problèmes scolaires. Le poste de ministre de l'Instruction publique, créé en 1867, est aboli en 1875 dans le but de soustraire les questions scolaires à l'action politique. En même temps, l'entrée des évêques au Comité catholique consacre le rôle de l'Église en éducation.

Des lois de moindre importance viendront compléter les structures fondamentales du système scolaire, entre autres, en 1851, celle des inspecteurs dont le rôle est de visiter les écoles, d'examiner les maîtres, de contrôler les comptes des secrétaires de municipalités et les registres des commissaires d'écoles.

Un article de la Loi des inspecteurs de 1851 propose l'établissement d'une école normale :

> Attendu que le nombre des écoles élémentaires dans le Bas-Canada s'est considérablement accru depuis quelques années, que le besoin de maîtres et instituteurs capables se fait vivement sentir, et qu'il est devenu nécessaire, pour l'encouragement libéral accordé par la législature [...] d'établir une école normale dans le Bas-Canada [...][7].

D'après le surintendant, les modifications qui devaient être apportées par la suite expliqueraient l'insuccès de cette loi.

Cependant, le régime de l'Union, marqué par l'instabilité politique, demeure sans contredit le plus fertile en lois scolaires et celui qui tracera au système scolaire une voie fidèlement suivie jusqu'à la révolution tranquille des années 1960.

LA LOI DE 1856 ET L'ÉTABLISSEMENT DE CENTRES PÉDAGOGIQUES

La loi du 19 juin 1856, promulguée pour répondre au besoin urgent de maîtres, comporte une série d'articles sur les moyens de pourvoir à l'établissement et au soutien d'écoles normales dans le Bas-Canada. Il faut noter cependant que des efforts avaient déjà été tentés, surtout après la loi de 1841. L'institution des bureaux d'examinateurs est particulièrement importante, vu sa permanence durant un siècle et sa signification quant à la capacité de la société québécoise de s'assurer un minimum de qualité dans les écoles.

Un article de la loi scolaire de 1841 institue en effet les bureaux d'examinateurs et définit clairement le rôle de ses membres :

> [...] examiner les personnes recommandées comme instituteurs, les rejeter si on les estimait non qualifiés soit à cause de leur caractère, soit à cause de leur incapacité de régler le cours d'études de chaque école et les livres à y employer [...][8].

La loi de 1846 précisait l'endroit des bureaux, c'est-à-dire les villes de Québec et de Montréal. En 1853, la Loi 16 Victoria créait six nouveaux centres : Trois-Rivières, Sherbrooke, Stanstead, Kamouraska, Gaspé et Aylmer. Trois ans plus tard, le surintendant est autorisé à établir un bureau là où il le juge utile. Bientôt, presque tous les comtés sont pourvus d'un bureau d'examinateurs.

Dans la loi de 1846, l'article 50 exemptait de l'examen les prêtres, les religieux et les personnes de sexe féminin ; ces dernières, excepté les religieuses, devront se soumettre à l'examen dès 1856. Outre cette liberté touchant un grand nombre de sujets, on peut affirmer qu'il y a des divergences marquées entre les bureaux, quant à leurs exigences et, par le fait même, quant à la valeur des brevets accordés. Périodiquement, les rapports des surintendants contiennent des critiques sévères sur la trop grande indulgence des examinateurs. En 1870-1871, sur 676 candidats, 73 seulement sont renvoyés. La compétence du personnel enseignant au primaire demeurera longtemps un problème pour les responsables de l'éducation dans la province.

La plupart des enseignants passent par les bureaux d'examinateurs, mais un certain nombre d'entre eux reçoivent une préparation plus poussée grâce à des institutions privées. Arrivés au pays en 1837, les Frères des Écoles chrétiennes assuraient particulièrement la préparation des instituteurs. Cet ordre religieux, dont le noviciat joue le rôle d'école normale, contribue ainsi à former un bon nombre de maîtres laïques. Du côté féminin, l'œuvre commencée dans les noviciats des Ursulines et de la Congrégation de Notre-Dame se poursuit et compense l'absence d'écoles normales. Les nouvelles congrégations fondées à l'instigation de Mgr Ignace Bourget apportent une contribution remarquable. En 1854, les professeurs du Collège industriel et commercial de Saint-Michel de Bellechasse donnent des leçons de pédagogie à leurs élèves et aux jeunes filles du pensionnat ; en deux ans, 7 instituteurs et 16 institutrices en sortent préparés à l'enseignement[9].

De leur côté, les Anglophones recevaient à Québec des maîtres de l'École britannique et canadienne et, à Montréal, de la Société des Écoles coloniales. Néanmoins, tous ces efforts sont insuffisants pour répondre aux besoins de l'heure. Les éducateurs sont convaincus que la solution se trouve entre les mains des gouvernants. Même les évêques de la province, réunis en concile à Québec en 1850, recommandent la création d'une école normale.

Le gouvernement reprend donc en main le problème de la formation des maîtres et, en 1853, il chargeait le Comité Sicotte de mener une grande enquête gouvernementale sur l'éducation. Ce comité révèle « les médiocres résultats de l'enseignement dus à la pénurie et à l'incompétence des maîtres[10] », tout comme l'a démontré le rapport de 1835. Pour résoudre ce grave problème, le comité suggère la fondation d' « une école dans chacun des districts de Québec et de Montréal au moins pour former des maîtres. Les maîtresses pourraient être formées dans une communauté de filles de ces districts respectivement[11] ».

Le successeur de J.-B. Meilleur, Olivier Chauveau, tente d'appliquer les recommandations du Rapport Sicotte. Le 25 février 1856, il adresse au secrétaire provincial un exposé des principales réformes qui s'imposent pour l'amélioration du personnel enseignant ; il propose la fondation d'écoles normales, l'établissement du salaire minimum, la publication d'un journal pédagogique, des associations d'instituteurs, des cours de perfectionnement pour les maîtres, l'octroi de primes aux enseignants selon les résultats obtenus par leurs élèves. Le projet est étudié et l'Assemblée prépare une loi pour répondre aux revendications de Olivier Chauveau.

La présentation du projet de loi est confiée à George-Étienne Cartier. Après de vifs débats sur la confessionnalité des futures écoles normales, la loi est adoptée[12].

Un parallèle entre la loi de 1836 et celle de 1856 pourrait illustrer l'attitude du gouvernement. Fort de l'expérience du passé, enrichi d'une meilleure organisation scolaire mise en place par les lois de 1841, 1845 et 1846, le gouvernement utilise un procédé plus efficace que celui des comités de régie. Le gouverneur en conseil établira immédiatement une ou plusieurs écoles normales dont le contrôle sera assuré par le surintendant qui élaborera les règlements avec l'approbation du gouverneur en conseil, nommera les professeurs, recevra les rapports des principaux et accordera les diplômes aux élèves recommandés par le principal.

La deuxième Loi des écoles normales est vraiment effective[13]. Trois écoles sont rapidement organisées aux endroits stratégiques de la province : Laval à Québec, Jacques-Cartier et McGill à Montréal.

Dès le 6 octobre de la même année, Olivier Chauveau présente le Règlement général pour l'établissement des écoles normales dans le Bas-Canada[14]. L'école normale de McGill est destinée aux non-catholiques et les deux autres, aux catholiques romains. Au départ, les écoles normales sont confessionnelles étant « la conséquence logique de la loi de 1846 qui accordait respectivement aux catholiques et aux protestants une organisation scolaire parfaitement séparée[15] ».

Sans tarder, le surintendant pourvoit à l'utilisation de la subvention, à l'élaboration du cours d'études, à l'engagement des professeurs. Le principal a le rôle d'admettre les sujets et de décerner les diplômes. À l'élève bien doué mais pauvre, on octroie une bourse à condition qu'il signe un engagement de trois ans au service de l'éducation. Chaque école normale a son école modèle où les élèves enseignent à tour de rôle sous la surveillance du principal et des professeurs de leur école. Des règlements particuliers régiront, d'une part, les écoles normales Laval et Jacques-Cartier destinées à des internes et, d'autre part, l'école normale McGill qui reçoit des externes.

Les prospectus des trois écoles présentent des affinités, sauf en ce qui concerne l'affiliation de l'école normale McGill à l'université du même nom, une semblable affiliation ayant été convoitée mais non réalisée par l'école normale de Québec à l'université Laval. Chacun des prospectus indique la date d'ouverture, la durée des cours et les exigences d'admission ainsi que les noms des professeurs et leur charge d'enseignement. Les écoles normales Laval et Jacques-Cartier, installées dans de vieux châteaux rénovés et aménagés, poursuivront les objectifs édictés en 1856. De même l'école normale McGill occupera l'édifice connu sous le nom de Old High School de la rue Belmont. Un rapport détaillé de l'inauguration des trois écoles publié dans le *Journal de l'Instruction publique* présente bien l'idée qu'on avait, à ce moment-là, du rôle de l'école normale.

Le succès de ce début est évident si l'on considère le nombre d'inscriptions : 102 élèves-maîtres et 300 enfants dans les écoles modèles. Les résultats sont éloquents : à l'école normale Jacques-Cartier, un diplôme élémentaire et sept diplômes modèles obtenus par des anciens enseignants et, à l'école normale McGill, seize diplômes élémentaires.

Il faut souligner ici les débuts de l'école normale Laval, la seule à ouvrir une section féminine qui sera confiée aux Ursulines de Québec. Le 27 octobre 1856, une lettre du surintendant Olivier Chauveau annonce à l'abbé Casault, recteur de l'université Laval, que le secrétaire de la province met à la disposition du gouvernement le « Vieux-Château » et le « jardin du Gouverneur » pour la future école normale de Québec. Deux jours plus tard, Olivier Chauveau demande au recteur de lui recommander quelqu'un qui puisse se charger de la direction de la nouvelle école normale. M. Horan, secrétaire de l'université Laval, accepte le poste ; il y demeure un an à titre de principal et de professeur. Sa première préoccupation est de rechercher des professeurs qu'il recommande ensuite au surintendant. « MM. Toussaint, Fenouillet, Juneau, Doyle, Gagnon et Morin[16] » sont acceptés et il inaugure l'école normale Laval le 12 mai 1857, ouverte d'abord à la formation d'instituteurs. Dès septembre, une autre section de l'école normale Laval est aussi inaugurée, celle des jeunes filles au monastère des Ursulines.

LA FONDATION DE L'ÉCOLE NORMALE DES URSULINES À QUÉBEC EN 1857

L'histoire des écoles normales de jeunes filles au Québec débute le 17 septembre 1857[17]. Dans le *Journal de l'Instruction publique,* le rôle que doivent jouer les deux sections de l'école normale Laval est clairement établi : répondre aux besoins de maîtres « des districts de Gaspé, de Kamouraska, de Québec, de la ville de Trois-Rivières[18] ». Comme les besoins sont aussi grands que la superficie à couvrir et les distances à franchir, il faut trouver pour la section féminine de l'école normale de Québec une maison qui accommode un assez grand nombre de futures candidates.

Le gouvernement ne peut endosser les frais d'une construction ; de plus, le Rapport Sicotte avait proposé un recours aux communautés religieuses pour la préparation des institutrices. Le surintendant recherche l'institution d'enseignement qui peut assumer une pareille responsabilité et s'adresse alors à l'évêque de Québec qui le renvoie aux Dames ursulines. Les arrangements ne se conclurent pas sans quelques réticences selon les *Annales* du Monastère qui rapportent une démarche de l'évêque auprès de la Supérieure :

> Vous me dites que celles même de votre respectable Communauté qui s'opposent à ce que vous admettiez dans votre pensionnat les Élèves de l'École normale sont dans la disposition de faire ce que j'ordonnerai. Je ne prendrai point sur moi-même d'ordonner de les recevoir, mais je vous conseille de le faire. Ce conseil, je vous le donne, parce que je le crois utile pour la gloire de Dieu, pour le bien de la religion et pour l'avantage de la Communauté[19].

Et l'annaliste d'ajouter : « Monseigneur, notre supérieur, ayant manifesté un vif désir que les élèves de l'École normale nous fussent confiées, nous nous décidâmes le 30 mars d'en prendre la direction[20]. »

C'est ainsi que les élèves de la première école normale de jeunes filles sont reçues au monastère des Ursulines de Québec. Le surintendant obtient, dès le début, que les futures institutrices s'entraînent à la pratique de l'enseignement. « L'école tenue actuellement par les Religieuses Ursulines, sous le nom d'externat, devient l'école modèle de filles, annexe de l'école normale[21]. » Elle occupe un bâtiment construit à l'emplacement de l'ancienne maison de Madame de la Peltrie, fondatrice du monastère des Ursulines de Québec. Les professeurs de l'école normale Laval ont assumé la plupart des cours puisque « les

40

religieuses ne se réservaient que l'enseignement du dessin, de la musique, de la broderie et de la langue anglaise[22] ».

Déjà en 1859, les religieuses transfèrent leurs élèves à l'aile Saint-Joseph et, le 6 septembre 1866, un nouveau et spacieux local situé au-dessus des parloirs dans le corps de logis des Ursulines est réservé aux normaliennes. C'est une mission de dévouement que les Ursulines acceptent quand elles reçoivent les futures institutrices.

LE FONCTIONNEMENT DE L'ÉCOLE NORMALE DES URSULINES

Son financement

Les subventions gouvernementales peu élevées font constamment appel à l'ingéniosité des religieuses comme en fait foi un relevé des sommes reçues du gouvernement de 1857 à 1908 :

> [...] pour le loyer et le chauffage des salles, une somme de quatre-vingt-quinze livres ; pour le salaire de deux Religieuses institutrices anglaise et française qu'elles devront fournir annuellement à l'école modèle, cent trente livres courant, et, pour l'instruction qu'elles donneront aux élèves institutrices, la somme de cinquante livres courant, formant en tout deux cent soixante et quinze livres courant par année[23].

À même ces revenus, on alloue aux candidates qui n'ont pas les moyens de payer entièrement leur pension, « vingt-trois bourses de six louis et une de cinq louis[24]. » C'est dire que, sur la somme de 1 100 dollars, il reste aux religieuses, pour le loyer et les salaires, exactement 528 dollars par année pour cinquante élèves. Il est entendu que le montant des pensions s'ajoute à la subvention mais il est minime puisque le prix en avait été fixé à 12 louis par année.

Des précisions sur la question monétaire sont apportées le 9 septembre 1870. Les pensions d'élèves sont strictement exigées au début de chaque semestre et toute élève qui ne l'aurait pas payée un mois après l'expiration du semestre est renvoyée. De plus, on fixe à 25 centins par mois l'usage des livres et du papier mis à la disposition des élèves. Le nombre des pensionnaires est limité à cinquante ; toutefois, les religieuses peuvent recevoir d'autres élèves à leurs risques et périls. Pour répondre aux exigences du ministère, tous les dix mois, le chapelain des Ursulines adresse au ministère de l'Instruction publique un état des comptes approuvé par le principal et en conformité avec l'entente initiale.

En 1899, le gouvernement se réserve le droit de percevoir les contributions des élèves de l'école-annexe et de payer, à même cette somme, les frais d'entretien et de chauffage. Quatre ans plus tard, le principal Rouleau de sa propre autorité adresse, à la supérieure du Monastère, le montant de 83 dollars pour les contributions de 1893-1894, reconnaissant le dévouement des religieuses et son profond respect pour les autorités du Vieux Monastère.

À cette époque, aux États-Unis, chaque élève coûte de 100 à 200 dollars ; en Angleterre, l'État débourse 140 dollars pour chaque normalienne et, en Irlande, le coût s'élève à 198,50 dollars. C'est encore plus élevé en France où le gouvernement paie 387,50 dollars par élève[25]. Au Québec, la moyenne est de 135,53 dollars. Bien que les revenus de la province auront augmenté, pendant 50 ans le gouvernement versera ce même montant à la communauté des Ursulines.

Son organisation pédagogique

Admission et conduite des élèves. — Le Règlement du 6 octobre 1856 fait état de la situation sociale tout en indiquant les exigences académiques. Toute jeune fille qui veut être admise à un école normale doit :

1° remettre au Principal un certificat d'âge (au moins 16 ans), un certificat de moralité signé par le curé, et, si elle désire obtenir une bourse, l'attestation du curé prouvant qu'elle n'a pas les moyens de payer sa pension ;

2° subir devant le Principal ou son délégué, un examen constatant qu'elle sait lire et écrire d'une manière satisfaisante, et qu'elle possède les éléments de la grammaire dans sa langue maternelle, l'arithmétique jusqu'à la règle de trois inclusivement, les notions préliminaires de la géographie et les notions d'instruction religieuse contenues dans le petit catéchisme ;

3° signer, en présence de deux témoins qui, ainsi que le Principal doivent le contresigner, une demande d'admission contenant l'engagement suivant : « obéir au règlement, subir les examens requis, obtenir un brevet de capacité, faire l'école sous le contrôle du gouvernement au moins pendant trois ans ; le tout sous peine d'amende de quarante piastres et du remboursement de tous les frais encourus par le gouvernement ».[26]

Les conditions académiques telles qu'énoncées démontrent à elles seules le niveau peu élevé des écoles normales du temps. Savoir lire, écrire et compter suffit pour entreprendre des études pédagogiques. Même le règlement de la vie étudiante demeurera inchangé durant toute cette période. On retrouvait déjà dans le premier Règlement édicté par Oliver Chauveau des directives au sujet de l'obéissance : ainsi l'élève qui se serait rendue coupable de quelque acte d'immoralité ou d'insubordination devait être expulsée, devait payer une amende et remettre le montant de la bourse qu'elle avait reçue.

Ainsi les Ursulines présentaient à leurs élèves un horaire d'internat très précis :

5 h — Lever et prière
6¼ h — Messe
6¾ h — Déjeûner et récréation
7½ h — Etude
8 h — Cours
9 h — Étude ou enseignement à l'école modèle
10¾ h — Dîner et récréation
12 h — Étude
1 h — Étude ou enseignement à l'école modèle
2½ h — Cours
4 h — Étude
5¼ h — Exercices de piété
5½ h — Souper et récréation
6¼ h — Prière et étude
8¼ h — Coucher[27].

La présence des exercices de piété à l'horaire des écoles normales de filles cadre bien avec la mentalité de l'époque où la prière en famille tient une place importante. Il faut aussi remarquer qu'au long de la journée plusieurs heures sont réservées à l'étude sans doute pour favoriser l'assimilation des leçons reçues ainsi que la préparation et l'évaluation des leçons données à l'école modèle.

À l'école normale des Ursulines de Québec, le pensionnat est obligatoire pour toutes les normaliennes, car l'admission d'externes avait été tentée de 1867 à 1870, mais sans succès[28]. D'une part, il aurait fallu construire un bâtiment pour recevoir les externes et d'autre part, il était à peu près impossible d'éviter certaines libertés jugées inadmissibles dans la formation des élèves pensionnaires. Il faudra attendre quelques décennies pour obtenir les externats-écoles normales.

Même si la vie quotidienne est exigeante dans l'école normale de filles, des générations de jeunes s'y succèdent et travaillent dans un climat sain comme le prouvent certains événements : au cinquantenaire de l'école normale Laval plus de deux cents anciennes sont reçues au Vieux Monastère où elles partagent les agapes fraternelles avec leurs anciens professeurs.

Programme d'étude. — Le règlement de 1856 indique, au paragraphe intitulé « cours d'étude », la nomenclature des matières à enseigner dans les écoles normales : l'instruction religieuse, la lecture raisonnée, l'élocution, la déclamation, la grammaire française et la grammaire anglaise, la composition littéraire, l'histoire en général et en particulier, l'histoire sacrée, les histoires d'Angleterre, de France et du Canada, la géographie, l'arithmétique dans toutes ses branches (la tenue des livres, l'algèbre, etc.), l'histoire naturelle, l'agriculture, le dessin, la musique. Dans le rapport du principal de l'école normale Laval, on trouve, en plus, pour la section des filles : « ouvrages en laine, ouvrages en cire, broderie[29] ». Ce cours recoupe celui des écoles élémentaires, modèles et académiques de l'époque parce que la formation antérieure des aspirants et aspirantes aux écoles normales présente souvent de graves lacunes. Cependant, à Québec, le programme de l'école normale des filles est allégé puisqu'on n'y décerne aucun diplôme académique de 1857 à 1907.

Il est clair que le programme d'études doit surtout viser à la formation pédagogique des aspirants. Au monastère des Ursulines la théorie ne va pas sans la pratique : les futures institutrices vivent des expériences qui les préparent immédiatement à leur rôle. À cet effet, le programme stipule deux étapes : l'observation de leurs maîtres et la pratique de l'enseignement sous l'œil vigilant des responsables. L'observation est considérée comme la base de l'entraînement :

> [...] chaque professeur doit non seulement enseigner la branche dont il est chargé, mais aussi et en même temps indiquer ses procédés et ses méthodes avec les différentes applications qu'on peut en faire dans les écoles élémentaires[30].

Ce qui est sage en médecine ne l'est pas moins en pédagogie. Les élèves des écoles normales observent d'abord leurs professeurs, puis les titulaires des classes d'application qui normalement peuvent servir de modèles. À cet effet, on contrôle la valeur des maîtres de l'école normale :

> Tous les professeurs sont sous la direction d'un Principal et sont, ainsi que celui-ci, nommés ou renvoyés par le Lieutenant-Gouverneur en conseil, sur la demande du Comité Catholique du Conseil de l'Instruction publique[31].

Ces exigences garantissent l'influence que pourraient exercer sur les élèves ceux qui les forment.

Les classes d'application où s'entraîne l'élève-institutrice constituent pour elle le laboratoire de l'école normale. À Québec, l'école-annexe des filles, fréquentée par 180 enfants environ se divise en quatre classes, dont deux françaises et deux anglaises. La pratique de l'enseignement dans les classes anglaises permet à certaines élèves de préparer un diplôme bilingue. L'entraînement pédagogique, caractère distinctif des écoles normales, « produit des résultats étonnants et imprègne la formation intellectuelle d'un esprit pratique qui assure aux élèves-institutrices une supériorité incontestable[32]. »

Diplômes et récompenses. — La progression dans le domaine des diplômes d'écoles normales s'opère lentement. Pendant la période qui nous intéresse, apparaît la même nomenclature : diplôme élémentaire, diplôme modèle et diplôme académique. Plus de la moitié des élèves se préparent au diplôme élémentaire, les autres, au diplôme modèle.

Le Règlement Olivier Chauveau prévoyait à l'article 28 les conditions à remplir pour l'obtention d'un brevet :

> Les diplômes seront accordés par le Surintendant, sur le certificat d'études du Principal, et d'après un examen qu'il fera subir lui-même à l'élève muni du certificat, ou que celui-ci subira devant les examinateurs nommés par le Surintendant[33].

À toutes fins utiles, c'est le principal qui endosse la grande responsabilité de la certification. Le principal de l'école normale Laval fixe les critères de succès à un niveau assez élevé :

> [...] non seulement une science suffisante démontrée dans des épreuves sévères, mais encore une conduite régulière, un caractère convenable, et surtout de l'aptitude pour l'enseignement, dont le candidat doit avoir fait preuve à l'école-annexe[34].

Des récompenses aident au maintien de l'idéal normalien. La visite du prince de Galles, en 1860, est l'occasion d'un encouragement spécial pour les élèves des écoles normales[35]. Le prince de Galles donne au gouverneur général une somme de 200 louis qui devra être distribuée dans les écoles normales. Les membres du Comité catholique jugent que la somme doit être placée à intérêt et la rente partagée entre les trois écoles normales. Le surintendant est autorisé à faire mouler des médailles de bronze destinées aux élèves méritants. Pour obtenir la médaille, le normalien doit être jugé le meilleur de sa classe au niveau du diplôme modèle et avoir obtenu, dans les deux bulletins semestriels, la note avec mention « *excellent* » pour les matières principales telles que l'instruction religieuse, le français, les mathématiques, la géographie, l'histoire, la pédagogie et l'enseignement à l'école modèle. La mention « *bon* » est exigée pour les autres matières à l'exception de la gymnastique, du dessin et de la musique. Si aucun élève ne remplit les conditions posées, la somme est placée à intérêt par le surintendant jusqu'au moment où elle atteint le montant de 100 louis, qu'on ajoute au capital initial.

Cette coutume se perpétue dans les écoles normales et sert de stimulant à bon nombre d'élèves. Avec les années, d'autres médailles seront décernées, comme celle du lieutenant-gouverneur.

Il est intéressant de constater la stabilité dans l'enseignement du plus grand nombre de ces institutrices formées au monastère des Ursulines. Après 10 ans de fonctionnement, 174 élèves enseignent ou ont enseigné dans les différentes écoles de la province[36].

Des 183 institutrices diplômées, 9 durent quitter l'enseignement pour cause de maladie, de décès ou d'orientation différente. Malgré ces succès, la seule école normale de filles ne peut combler les besoins d'enseignantes, comme le démontre un rapport du surintendant pour l'année 1894-1895 : les 1383 municipalités scolaires sous le contrôle des commissaires et des syndics, possèdent 5196 écoles élémentaires, 553 écoles modèles, 157 académies et 4 écoles pour les sourds-muets et les aveugles, soit un total de 5890. Dans ces écoles, on compte 5950 enseignants dont 5022 institutrices ; sur ce nombre, seulement 665 institutrices sont diplômées d'écoles normales[37].

Si l'on ajoute à ces chiffres, le nombre d'illettrés, la situation n'est guère brillante. Des statistiques de 1901 révèlent que la province de Québec avait encore 17,1% d'illettrés sur le total de la population scolaire[38].

Plusieurs circonstances historiques pourraient expliquer ce fait bien que la situation économique semble venir en tête de liste. Dans le contexte d'une société à caractère rural qui ne connaissait pas encore le développement industriel des États voisins et dont le gouvernement était endetté par la construction des chemins de fer, la formation des maîtres recevait une part minime du budget provincial, surtout l'école normale des filles dont la subvention est demeurée la même durant un demi-siècle. Toutefois, devant les résultats professionnels obtenus, le docteur Larue reconnaissait le rendement des montants consacrés à la formation des maîtres : « À mon avis, nul argent du gouvernement n'est plus profitablement employé que celui qui est destiné au soutien de ces écoles[39] », les écoles normales.

Ce n'était pas sans raison que le surintendant songeait, en 1895, à un plan plus rentable pour le progrès pédagogique : « Je crois que la fondation et le soutien de ces écoles normales catholiques coûteraient une somme relativement minime, en les agrégeant à des communautés enseignantes[40]. »

Il fallut attendre jusqu'à 1899 pour voir se réaliser les désirs du surintendant. À ce moment-là, les évêques commencent à se charger d'obtenir pour chacun de leurs diocèses au moins une école normale qu'ils confient à une communauté religieuse.

L'incompétence des institutrices maintes fois soulignée dans les rapports d'inspecteurs avait poussé le Comité catholique à proposer la suppression des bureaux d'examinateurs et l'établissement d'un Bureau central des examinateurs catholiques chargé de préparer les questions soumises aux aspirants à l'enseignement. La décision du gouvernement de mettre en œuvre la proposition du Comité catholique marque en 1898 un tournant dans l'histoire de la formation des enseignants. Dans l'avenir, la société avide d'élever les standards de l'enseignement pourra se donner plus de centres pédagogiques, grâce à la collaboration des nombreuses communautés religieuses enseignantes. Ces communautés viendront compléter le rôle important joué par l'école normale des Ursulines de Québec, née à la suite de la loi de 1856.

La section féminine de l'école normale Laval avait grandi sous la direction du principal de l'école normale des garçons et avec l'aide de son corps professoral. Adélard Desrosiers résume bien l'œuvre réalisée :

> Aucun événement ne trouble l'existence de l'École normale des Ursulines. Dans le calme le plus profond, l'œuvre pédagogique se poursuit sans interruption et sous l'œil vigilant des directeurs de Laval. Pour les riches paroisses du district de Québec, l'école pédagogique d'institutrices garde son excellente réputation, et les états de services des anciennes élèves sont tout à l'honneur de cette maison[41].

Notes

1. André GARON, « La mise en tutelle (1836-1867) », in Jean HA-MELIN, *Histoire du Québec*, p. 346.
2. Nive VOISINE, « Province d'une Confédération (1867-1896) », in Jean HAMELIN, *Histoire du Québec*, p. 396-400.
3. *Ibid.*, p. 377.
4. Jacques LACOURSIÈRE, Denis VAUGEOIS *et al.*, *Canada-Québec, Synthèse historique*, p. 477.
5. *Statuts du Canada*, 4 et 5 Vict., 1841, chap. 18, p. 104-116.
6. P.-J.-O. CHAUVEAU, *L'instruction publique au Canada*, p. 76.
7. *Statuts du Canada*, 9 Vict., 1846, ch. 27, p. 775-792.
8. *Ibid.*, article 16.
9. P.-J.-O. CHAUVEAU, *Rapport sur l'Instruction publique, dans le Bas-Canada*, 1856, p. 6.
10. L.-V. SICOTTE, « Rapport du Comité spécial de l'Assemblée législative nommé pour s'enquérir de l'État de l'Éducation et du Fonctionnement de la loi des Écoles dans le Bas-Canada », *Journaux de l'Assemblée législative de la province du Canada*, vol. II, 1853, Appendice (J.J.) non paginé.
11. *Ibid.*
12. *Statuts du Canada*, 19 Vict., 1856, ch. 54, p. 236-242.
13. Voir la liste des écoles normales de filles, Appendice, p. 208-209.
14. P.-J.-O. CHAUVEAU, « Règlement général pour l'établissement des Écoles normales dans le Bas-Canada », dans le *Journal de l'Instruction publique* (désormais *JIP*), vol. I, janvier 1857, p. 27-31.
15. C.-J. MAGNAN, « Principes qui ont présidé à sa fondation, l'École normale Laval », dans *L'Enseignement primaire*, vol. 29, n° 3, p. 273-275.
16. APSQ, Lettre du Surintendant à M. Horan, 101, no A J 5.
17. « Rentrée des élèves aux écoles normales », dans *JIP*, vol. I, n° 9, p. 178-180.
18. P.-J.-O. CHAUVEAU, « Règlement général », *loc. cit.*, p. 27.
19. AVMUQ, t. 2, 1822-1894, p. 278.

20. *Ibid.*
21. AVMUQ, Lettre du surintendant à Monseigneur l'Administrateur de l'archidiocèse de Québec, 25 août 1857, copie n° 5.
22. A. DESROSIERS, *Les Écoles normales primaires de la province de Québec et leurs œuvres complémentaires*, p. 101.
23. AVMUQ, Lettre du Surintendant..., *loc. cit.*, 3e clause.
24. P.-J.-O. CHAUVEAU, « Règlement particulier pour l'admission à l'étude et à l'obtention des bourses », dans *JIP*, vol. I, janvier 1857, p. 29. Une livre ou un louis semble de même valeur, soit quatre dollars.
25. Louis GIARD, « État des sommes payées chaque année pour les Écoles normales », dans *JIP*, vol. 17, n° 3, p. 39.
26. Paul de CAZES, « Règlements du Comité catholique », dans *Code de l'Instruction publique*, 1888, n° 73.
27. *Souvenir décennal de l'École normale Laval, 1857-1867*, p. 52.
28. AVMUQ, Lettre de T.-G. Rouleau à Mgr Marois, 12 septembre 1895, document 10.
29. Pierre LAGACÉ, « Rapport de l'École normale Laval », dans *Rapport du Ministre de l'Instruction publique*, 1871-72, p. 3.
30. T.-G. ROULEAU, *Notice sur l'École normale de Québec pour l'exposition de Chicago*, 1893, p. 20.
31. Paul de CAZES, *op. cit.* n° 84.
32. T.-G. ROULEAU, *op. cit.*, p. 18.
33. P.-J.-O. CHAUVEAU, « Règlement général », *loc. cit.*, p. 27.
34. *Souvenir décennal...*, p. 11.
35. Louis GIARD, *Procès-verbal du Conseil de l'Instruction publique*, séance du 14 novembre 1860, p. 51-53.
36. *Souvenir décennal...*, p. 7-8.
37. Boucher de LA BRUÈRE, « Rapport de l'Instruction publique pour l'année 1894-1895 », dans *Rapport du Surintendant de l'Instruction publique*, p. vii.
38. C.-J. MAGNAN, *Éclairons la route*, p. 84.
39. H. LARUE, cité dans le *Rapport du Ministre de l'Instruction publique*, 1871-72, p. 2.
40. Boucher de LA BRUÈRE, *loc. cit.*, p. viii.
41. A. DESROSIERS, *op. cit.*, p. 182.

DEUXIÈME PARTIE

Développement modéré

3

Les écoles normales diocésaines
de jeunes filles
(1899-1922)

Depuis la promulgation de la loi de 1856, une seule école normale de filles avait été établie à Québec sous les soins du représentant du gouvernement provincial. Le surintendant de l'instruction publique P.-O. Chauveau, par l'entremise de Mgr Baillargeon, avait obtenu la collaboration des Ursulines qui s'étaient chargées dans leur monastère de la formation d'un certain nombre d'institutrices. De ce fait, s'était réalisé le vœu des évêques : la section féminine de l'école normale Laval dépendait d'un principal prêtre et d'une communauté religieuse qui en assurait le fonctionnement.

Une troisième période de l'évolution des écoles normales de jeunes filles débute avec la création du Bureau central des examinateurs catholiques en 1898 et se termine avec son abolition en 1939. Cette réforme du Bureau des examinateurs hausse les exigences d'admission dans la profession d'enseignant. Malgré tout, les écoles normales de jeunes filles vont se multiplier dans les diocèses, grâce à l'initiative des évêques et à la coopération des religieuses enseignantes établies dans les milieux souvent isolés, où elles dispensent à la jeunesse l'éducation et l'instruction depuis plusieurs décennies.

Dans le contexte d'une société désormais engagée dans des transformations très rapides, le recrutement du personnel enseignant féminin continue sous l'autorité du Bureau central et dans les écoles normales de filles.

LE QUÉBEC DE 1900 À 1940

Jusqu'à la fin du XIXe siècle, le Québec avait plutôt vécu au rythme de la société nord-américaine qui se transformait à vive allure. Les terres épuisées avaient obligé plusieurs familles rurales à gagner les régions de colonisation, mais le plus grand nombre avaient émigré aux États-Unis, surtout en Nouvelle-Angleterre. Les villes du Québec mettaient du temps à s'industrialiser ; il fallut la pression du marché américain pour entraîner le Québec traditionnel dans le monde industriel.

De 1901 à 1941, la population du Québec va passer de 1 488 535 à 2 874 662 habitants[1]. Les augmentations les plus importantes caractérisent les années 1901-1911 et 1921-1931 avec des taux respectifs de 21,6% et de 21,7%. À ces deux dates correspondent à la fois une extension proportionnelle du réseau scolaire et une demande plus grande d'écoles normales et, par conséquent, l'établissement pendant cette période de la plupart des écoles normales de filles. Il est intéressant de noter que les taux d'accroissement de la population concernant l'ensemble du Canada sont généralement plus élevés, ce qui révèle l'importance de l'immigration dans les autres provinces puisque à la même époque le facteur natalité demeure à l'avantage du Québec.

Malgré la difficulté de vérifier les déplacements de population, un aperçu des mouvements migratoires montre leur incidence sur la multiplication des écoles normales de jeunes filles. L'augmentation de la population dans un pays est due à l'accroissement naturel et à l'immigration. Sans l'existence d'un autre facteur, l'émigration, l'équation serait parfaite. Or, dans toutes les décennies de cette période, on remarque des écarts plus ou moins importants[2]. Des immigrés arrivent, d'autres partent ; un certain nombre d'entre eux, inscrits au Québec, étaient probablement de passage. Sur le nombre des partants, il serait difficile de préciser le nombre de Canadiens français. Les migrations de la campagne vers la ville sont plus faciles à contrôler. De 1901 à 1911, la population urbaine passe de 29,6% à 48,2% puis en 1921, à 56% pour aboutir à 63% en 1931. Si l'on tient compte du fait que tout village ayant au moins 1000 habitants est qualifié d'urbain[3], le taux de la population urbaine double en l'espace de trente ans. C'est pourquoi certains comtés sont urbanisés à 100%, tels ceux de Montréal, ou à 50%, tel Saint-Hyacinthe. Par contre, dans Bellechasse, toutes les paroisses du comté demeurent à 100% rurales.

L'urbanisation se fait parfois en deux temps : un mouvement se dessine des campagnes vers les villes ou les villages de 1000 à 5000 habitants puis, de là, vers les grands centres. Il faut se rappeler que dans les familles nombreuses, à l'époque, plusieurs jeunes gens doivent chercher à l'extérieur un moyen de subsistance. La colonisation enrégimente un certain nombre de familles, l'industrie prend une partie de la main-d'œuvre disponible et l'émigration suit son cours.

Quelques comtés ruraux sont plus affectés que d'autres par les fluctuations de population : les régions des

Trois-Rivières, des Cantons de l'Est et de l'Outaouais ont une balance négative[4]. De 1921 à 1941, la population de Berthier, Brome, Compton, Wolfe et Bagot diminue de 1000 habitants et plus, probablement au profit des centres industrialisés.

Les régions dites de colonisation : le Saguenay-Lac-Saint-Jean, l'Abitibi-Témiscamingue forment, avec la Côte-Nord-Nouveau-Québec, les trois régions où la population augmente[5]. La colonisation agricole attire des familles et des individus, mais ce sont les mines et l'industrie de la pulpe et du papier qui favorisent la montée de la population dans ces régions.

La création de quelques écoles normales s'explique en partie par ces mouvements migratoires, telles celles de Ville-Marie, d'Amos et de Roberval. Par contre, il est difficile d'expliquer l'absence de nouvelles écoles normales de filles à Montréal où le développement draine une partie de la population.

Pendant que se déplacent les populations des campagnes, l'industrialisation prend de l'importance. Pour Raynauld, elle commence à l'échelle canadienne entre les années 1896 et 1913, période de colonisation de l'Ouest canadien et d'élargissement du marché domestique provoqué par une augmentation importante de la population et de la production[6]. Une étude de William Larkin et de Patrick Allen montre que, pour la période qui se termine en 1941, « les industries primaires ont vu leur personnel se réduire de 51 % à 30 % de l'ensemble des personnes actives alors que les industries tertiaires doublaient leur part de l'ensemble des travailleurs ou producteurs[7] ». Les développements industriels s'accentuent : « L'ouvrier qui avait fait place à l'artisan a dû lui-même se retirer devant le technicien[8]. » De 1901 à 1941, l'agriculture occupe le plus grand nombre de travailleurs ; cependant, la proportion des ruraux par rapport à l'ensemble des travailleurs diminue ; de 38,2 %, elle passe à 21,4 %. Les travailleurs de la forêt augmentent de huit fois leur nombre et ceux des mines, presque autant. Si le nombre des employés des manufactures et de la construction double, celui des services triple alors que quintuple celui des employés de bureau.

Le Québec multiplie moulins, manufactures et usines vers lesquels se dirigent les ruraux. La production brute des manufactures passe de « 96$ per capita en 1901 à 403$ en 1929[9] ». Mais le développement, rapide au début de 1920, décline dans la décennie suivante. Les produits du bois, par exemple, évalués à 59 millions de dollars en 1929 ne rapportent plus que 19 millions en 1933. La plupart des produits manufacturés connaissent une baisse, le textile excepté. Pendant la crise, les salaires diminuent ; le même phénomène se produit pour le coût de la vie. Il faudra la guerre de 1939 pour rétablir l'économie du Canada et des autres pays d'Amérique.

La crise se reflète jusque dans la vie journalière des écoles normales. En 1932, les écoles de Nicolet, de Trois-Rivières, de Valleyfield et de Chicoutimi auraient dû célébrer leur vingt-cinquième anniversaire de fondation. Malheureusement, la crise économique empêchera les festivités. Les effets se feront sentir surtout dans le recrutement des élèves : entre autres, celles de plusieurs milieux ruraux où la pauvreté sévit.

De 1898 à 1939, la province vit donc un contraste : les effets d'un accroissement industriel considérable et ceux d'une crise économique sans précédent dans l'histoire du pays.

LA SITUATION SCOLAIRE

Les structures du système scolaire mises en place au siècle précédent permettent aux responsables de l'éducation d'accomplir un travail extraordinaire, tant au point de vue de la quantité des élèves qui fréquentent les écoles que de la valeur des études.

Le nombre total des élèves inscrits passe de 284 569 à 565 601 en l'espace de 40 ans[10]. Dès 1923, le cours public comportant huit années est réparti de la façon suivante : six ans sont consacrés à l'école élémentaire et deux ans au cours complémentaire. Dans ce dernier secteur, quatre options sont possibles : agricole, industrielle, commerciale et ménagère. Ce qui marque davantage l'évolution du système scolaire, c'est l'addition, en 1929, d'un cours primaire supérieur de trois ans. Cette démocratisation de l'enseignement commencé à Montréal gagne bientôt les autres villes du Québec. Désormais, tous les élèves jugés aptes aux études universitaires peuvent accéder à certaines facultés sans passer par les collèges classiques. En 1937, une année préparatoire est ajoutée au cours primaire, portant à sept l'étendue du cours élémentaire.

Pendant cette même période débute un certain contrôle des connaissances par la création en 1933 d'un Comité de régie des certificats d'études. À partir de 1938, à la suite d'examens officiels, on décerne des certificats aux élèves qui fréquentent les classes de 7e et de 9e années. Deux ans plus tard, les classes de 10e et de 12e sont soumises au même contrôle.

Les exigences de qualification gagneront le secteur de la formation des enseignants. Si le besoin de bons maîtres avait provoqué les lois créant les écoles normales, c'est l'incompétence d'un grand nombre d'institutrices qui occasionnera, en 1939, l'abolition du Bureau central des examinateurs catholiques. Lors de sa fondation, en 1898, le Bureau central jouait un rôle de suppléance fort apprécié. Il fallait des institutrices et le gouvernement était dans l'impossibilité de pourvoir à l'organisation d'écoles normales répondant aux besoins. Déjà, en 1909, le surintendant voyait un problème dans le rôle du Bureau central : « il ne faut pas qu'il puisse gêner le recrutement des élèves-maîtresses au détriment des écoles de pédagogie[11] ». Deux organismes délivraient des brevets d'enseignement similaires en valeur légale, mais différents en valeur pédagogique. La facilité donnée aux aspirantes du Bureau central nuisait aux écoles normales et à la profession des enseignants. « Sauver deux ans » était souvent la suprême ambition de certains parents et de certaines jeunes filles. Il fallait apporter une correction à cette anomalie.

La disparition du Bureau central s'opéra graduellement ; dans les années 1937, 1938 et 1939, les seuls brevets complémentaires seront délivrés accompagnés d'un permis d'enseignement pour 3 ans, 2 ans et 1 an. Le gouvernement acquiesce ainsi à la demande du Comité catholique. Le Bureau central disparaît donc après avoir accordé près de 80 000 brevets de 1898 à 1937[12].

À ce moment de l'histoire du Québec, l'Église exerce encore une influence prépondérante en éducation : les deux universités françaises fonctionnent sous sa responsabilité, l'enseignement classique demeure son initiative, même l'enseignement public au niveau primaire constitue un domaine privilégié où le curé assume des fonctions de guide et de conseiller. Ainsi l'école illustre bien la collaboration traditionnelle qui se maintient au Québec entre la famille, l'Église et l'État.

DES NORMALIENNES POUR
LES ANCIENS DIOCÈSES

Dans ce contexte, il n'est pas étonnant que les évêques aient pris l'initiative quant à la formation des institutrices[13], initiative qui visa d'abord le diocèse de Montréal.

Montréal (1899), Rimouski (1906)

Montréal. — Parmi les diocèses qui ont un urgent besoin d'institutrices, il en est un qui attend depuis 1856 la réalisation d'une section féminine de l'école normale Jacques-Cartier, c'est celui de Montréal. Le projet n'avait pu se réaliser car, d'après une lettre de Mère Sainte-Madeleine, l'œuvre proposée n'était pas compatible avec les règlements de la Congrégation de Notre-Dame[14].

Un autre facteur avait influencé la décision des religieuses, comme l'indique l'abbé Desrosiers :

> L'insuffisance de la subvention législative annuelle ne permettait pas cette dépense, et le déficit des premières années à Laval, ne justifie que trop les craintes du surintendant et des religieuses de la Congrégation[15].

Le projet demeure cependant dans l'esprit du surintendant, et de nouveau, en 1882, il est question de ladite école normale dans les *Annales* de la Congrégation de Notre-Dame. Une copie de la lettre venant du surintendant reconnaît le bien-fondé de la création d'une école normale à la maison mère de la ville. En 1896, à la suite de démarches effectuées par les commissaires de Montréal et par Mgr Édouard-Charles Fabre, les religieuses de la Congrégation de Notre-Dame offrent leur collaboration. Pourtant, il faut attendre l'école normale jusqu'en 1899. Le 3 octobre de cette année-là, les Sœurs reçoivent, au couvent de la rue Saint-Jean-Baptiste, une centaine d'élèves dont vingt-huit normaliennes. Jusqu'en 1911, les élèves-institutrices de Montréal vivront dans un lieu historique, « l'ancien emplacement de Notre-Dame-des-Victoires[16] ». En juin 1908, les religieuses abandonnent tout aux normaliennes et se rendent à leur nouvelle maison mère de la rue Sherbrooke. Pendant quelques années, la vie des futures institutrices s'écoule paisible dans cette vaste résidence. Il faut pourtant abandonner l'ancienne maison acquise par la ville pour le prolongement de la rue Saint-Laurent. Hébergées à la maison mère pendant quelques mois, les élèves s'établissent le 13 janvier 1912, dans l'école normale située en face de la maison mère. Le 1er juin, Mgr Paul-Napoléon Bruchési, archevêque de Montréal, bénit solennellement la nouvelle école.

En 1924, l'institution a vingt-cinq ans : l'événement est souligné par le premier congrès pédagogique réunissant les anciennes normaliennes ; le gouvernement exprime son approbation en octroyant 800 dollars pour acquitter les frais de l'organisation.

Les deux premières écoles normales étaient dues en grande partie aux démarches du surintendant qui « en donnant des écoles normales confessionnelles au Bas-Canada en 1857, [...] allait au-devant des désirs des évêques », et en nommant un prêtre à la tête de ces maisons d'éducation « l'État prouvait son entière bonne foi[17] ». À l'avenir, ce sont les évêques qui prendront la relève, car la loi de 1875 qui modifiait la composition du Conseil de l'instruction publique permettait l'entrée dans le Comité catholique de tous les évêques dont le diocèse était situé totalement ou en partie dans la province de Québec.

Rimouski. — Au début du siècle, le diocèse de Rimouski est un centre de colonisation en plein épanouissement ; la pénurie des institutrices qualifiées dans les campagnes entraîne la fondation d'une école normale à Rimouski, « le centre le plus favorable pour les besoins de la population actuelle et pour subvenir aux besoins nouveaux qui suivront l'œuvre de la colonisation[18] ».

L'établissement d'une école normale n'exigera pas toujours une nouvelle construction ; l'aménagement d'un couvent suffira pour répondre aux besoins. Mais à Rimouski, comme à Chicoutimi, Trois-Rivières, Saint-Hyacinthe et Sherbrooke, il faut bâtir et les religieuses en assument les frais.

À Rimouski, l'école normale ouvre ses portes à soixante élèves le 14 septembre 1906. Jusqu'en 1915, l'école fonctionne d'après l'organisation du début et, en 1917, un agrandissement vient apporter les améliorations souhaitées.

Chicoutimi, Trois-Rivières et Nicolet (1907)

Chicoutimi. − L'école normale de Chicoutimi suit celle de Rimouski et c'est le même motif qui préside à sa fondation : l'augmentation de la population due pour une bonne part à l'œuvre de la colonisation. Mais à Chicoutimi, des besoins psychologiques semblent s'ajouter à celui d'institutrices qualifiées pour le besoin des paroisses nouvelles. Mgr Michel-Thomas Labrecque a une grande admiration pour sa ville épiscopale : « Chicoutimi, fièrement assise sur les rivages escarpés de sa colossable rivière, c'est bien la riche et vive topaze qui orne le diadème royal du Saguenay[19]. » Le surintendant de l'Instruction publique explicite les deux principaux buts de la fondation : augmenter le prestige de Chicoutimi et accroître l'efficacité de l'enseignement dans les écoles primaires. Le premier rapport de Joseph-Edmond Duchesne illustre bien le projet de l'évêque : «Trois élèves sont de la ville de Chicoutimi et vingt-sept viennent des centres ruraux du diocèse[20]. » C'est ainsi que les endroits les plus éloignés profitent des bienfaits de l'école normale dans le royaume du Saguenay.

Trois-Rivières. — La grande distance qui sépare Trois-Rivières de Québec et de Montréal entraîne une pénurie d'institutrices dans la région du Saint-Maurice. Bien que le diocèse de Trois-Rivières soit l'un des plus anciens de la province, la ville attend depuis longtemps son école normale. Adélard Desrosiers rapporte que Mgr Laflèche, au mois de février 1881, avait adressé un mémoire au Conseil de l'instruction publique pour appuyer la demande d'une école normale.

Vingt-cinq ans plus tard, une nouvelle offensive est tentée, où clercs et laïcs collaborent à la réalisation du projet. Le 26 septembre 1906, jugeant le temps venu de reprendre les démarches, l'évêque dépose une demande au Comité catholique. Pour hâter la décision, Mgr Cloutier accompagné de J.-A. Tessier, député des Trois-Rivières, se rend auprès du premier ministre Lomer Gouin, et en rapporte la promesse que l'école normale ouvrira ses portes à l'automne 1908. Le pas décisif semble fait. Les détails de l'arrangement définitif seront complétés en temps opportun. En effet, le 20 septembre 1907, le lieutenant-gouverneur signe un ordre en conseil autorisant le secrétaire de la province à ratifier le contrat au nom du gouvernement. Enfin, le 12 novembre, le contrat est signé devant le notaire Arthur Tremblay qui réside et pratique à Sainte-Anne-de-Beaupré.

Une construction étant jugée nécessaire, le terrain est acheté, les rues détournées et l'architecte s'attaque aux plans. Tout va rondement : l'école est prête le 1er septembre 1908 et cinquante-trois jeunes filles y commencent leur préparation à l'enseignement.

Dans une lettre circulaire du 6 juillet 1908, Mgr François-Xavier Cloutier s'exprime ainsi : « Désormais, l'école normale des Trois-Rivières est acquise aux jeunes filles qui désirent se vouer à la carrière de l'instruction et de l'éducation des enfants dans les écoles primaires[21]. »

Nicolet. — Commencées en 1905, les démarches entreprises par l'évêque sont interrompues par un incendie qui détruit en quelques heures le magnifique établissement des Sœurs de l'Assomption, à Nicolet.

Mgr Hermann Bruneault reprend ses démarches en octobre 1907. La supplique adressée au premier ministre de la province étale les besoins du diocèse et surtout ceux de la Congrégation :

> [...] il contient aujourd'hui une population catholique de 90 000 âmes, 62 paroisses, 24 couvents avec 153 religieuses enseignantes, 518 écoles laïques avec 530 institutrices, dont 4 seulement sont brevetées d'une école normale, et 21 000 enfants sous le contrôle des Commissaires.

> [...] aujourd'hui, les dites Sœurs de l'Assomption regarderaient la fondation de la dite école normale à Nicolet comme une très grande faveur de la part du Gouvernement et comme l'un des moyens les plus efficaces de ressusciter à une vie prospère et fructueuse ; [...] elles insistent respectueusement pour qu'il leur soit permis d'ouvrir la dite école normale, dès le commencement du mois de septembre 1908[22].

Le projet se réalise. Après avoir occupé les locaux de la maison mère pendant dix ans, les normaliennes ont en 1918 la joie d'habiter un édifice spacieux et bien aménagé. Le bonheur est de courte durée. Au mois de mars 1920, les flammes ravagent la nouvelle maison et les normaliennes reprennent le chemin de la maison mère où elles sont accueillies par des religieuses qui ne manquent pas d'héroïsme :

> La présence moyenne de nos élèves en classe a été de 91,4 pour cent. C'est assez vous dire que si quelqu'un s'est mis à l'étroit à la maison mère qui nous héberge, ce n'est pas le monde des normaliennes : elles ont les pièces les plus spacieuses et les plus ensoleillées d'un bâtiment très avantageusement situé. Et c'est là un trait parmi ceux que je pourrais marquer, des sacrifices que s'imposent, tous les jours, pour l'œuvre de l'École normale, les religieuses de l'Assomption[23].

Les lourdes pertes subies par la Congrégation ne permettent pas une reconstruction immédiate et ce n'est qu'en 1926 que la nouvelle maison ouvrira ses portes.

Hull et Valleyfield (1908), Saint-Hyacinthe et Joliette (1911)

Hull. — À l'ouest de la province, l'école normale de Hull semble appelée à devenir une sentinelle active pour la langue et pour la foi, selon l'idéologie prédominante de ce temps. Le 7 septembre 1909, trente et une élèves sont accueillies au pensionnat des Sœurs Grises de la Croix et commencent une lignée qui fera honneur à la formation normalienne et répondra aux besoins de la région.

Le 29 août 1930, le principal de l'école normale de Hull écrit dans son rapport au surintendant : « Nous avons reçu dans le cours de l'année dernière plus d'élèves de la campagne, c'est de bon augure. Ce mouvement ne peut faire que du bien à nos écoles rurales[24]. »

Chaque année, les élèves se présentent plus nombreuses si bien qu'en 1932, l'addition d'une aile de trente mètres devient nécessaire pour recevoir les quatre-vingt-cinq normaliennes. Mais, en 1939, pour répondre aux besoins particuliers du milieu, le surintendant accorde l'externat qui marque un premier pas vers les externats-écoles normales de la période suivante.

Valleyfield. — Pour obtenir une école normale dans son diocèse, l'évêque de Valleyfield, Mgr Médard Émard, insiste sur le rôle d'une communauté religieuse, les Sœurs des Saints-Noms de Jésus et de Marie qui peuvent assurer le bon fonctionnement d'une école normale de filles.

En attendant l'entrée dans l'école normale promise pour septembre 1910, la Commission scolaire permet aux élèves-institutrices de faire leur apprentissage à l'école Sainte-Cécile. Tout arrive à point, l'entrée se fait le 23 octobre et, le jour de la bénédiction de l'école, plus de huit cents personnes prennent part à la fête[25].

Vingt-cinq années de travail avaient donné à Valleyfield une école normale de grand renom quand, le 21 septembre 1933, un incendie détruisit en quelques heures le fruit de tant de labeur. Le principal Louis-U. Mousseau ne se décourage pas et poursuit l'œuvre au couvent de Saint-Lambert agrandi des deux tiers. En octobre, 97 élèves sur 98 reprennent leurs classes jusqu'à la fin de l'année scolaire. Le 11 septembre 1934, l'école reconstruite peut recevoir tout le personnel.

Saint-Hyacinthe. — Mgr Alexis-Xyste Bernard obtient, en 1912, l'école normale que les diocésains attendent impatiemment ; en effet, les premières démarches avaient été entreprises par Mgr Jean-Charles Prince, cinquante-cinq ans auparavant[26]. C'est dans un territoire entièrement colonisé avec une population déjà scolarisée et ouverte aux bienfaits de l'éducation que quatre-vingt-une élèves formeront le premier noyau de l'école normale de Saint-Hyacinthe.

Joliette. — Dans le nord de Montréal, l'évêque de Joliette remarque, au cours de ses visites pastorales, que l'instruction élémentaire laisse à désirer dans plusieurs localités de son diocèse. Ayant obtenu l'établissement de l'école normale des jeunes filles, Mgr Joseph-Alfred Archambault motive publiquement ses démarches :

> Les maîtresses ne manquent ni de bonne volonté, ni de zèle, ni de dévouement. La plupart d'entre elles possèdent les connaissances amplement nécessaires pour la nature de l'enseignement qu'elles ont à donner [...]. Ce qui manque à ces chères institutrices, c'est l'entraînement, c'est la formation pédagogique, c'est la préparation sérieuse et pratique à l'exercice de leurs sublimes fonctions. L'école normale est le seul moyen de rémédier à cette lacune remarquable[27].

Rendre le peuple meilleur par une éducation plus soignée, telle est l'ambition de l'évêque. Mais l'institution solidement établie est détruite par un incendie dans la nuit du 16 au 17 mai 1935. Un geste mérite d'être souligné : c'est la généreuse hospitalité alors offerte aux normaliennes par les Sœurs de l'Immaculée-Conception. Dix jours plus tard seulement, toutes les élèves peuvent reprendre leurs études, passer l'examen final et obtenir leurs diplômes ou leurs promotions. Aussitôt après l'incendie, les religieuses de la Congrégation de Notre-Dame n'hésitent pas à s'imposer de lourds sacrifices pour entreprendre une construction plus grande et mieux aménagée dont la bénédiction aura lieu le 25 octobre 1936.

Québec (1913), Sherbrooke (1916)

Saint-Pascal. — La deuxième école normale du diocèse de Québec a une histoire spéciale. L'abbé Alphonse Beaudet consulte son évêque, Mgr Louis-Nazaire Bégin, qui lui donne une réponse claire au sujet de l'objectif précis d'une future école normale :

> Vous voulez que votre institution, dont on fait tant d'éloges que je crois mérités, devienne école normale classico-ménagère, destinée à répandre dans notre région, par le moyen des institutrices qui y seront formées, les connaissances théoriques et pratiques que doit posséder une vraie maîtresse de maison. Votre projet me paraît excellent et je forme des vœux pour que vous ayez les moyens de le réaliser[28].

Dès 1905, le couvent de Saint-Pascal adopte un programme particulier où se marient heureusement les matières du cours classique et l'enseignement ménager dans toutes ses ramifications. Après sept ans d'expérience, la première école normale classico-ménagère dont la création « marque une date très importante dans l'histoire de l'enseignement en notre pays[29] », reçoit, non seulement des encouragements de nombreux visiteurs de marque, mais aussi la reconnaissance par le gouvernement de sa valeur comme expérience pédagogique importante. « Ce qui fait l'originalité et la valeur de cet enseignement, c'est qu'il est un enseignement absolument complet qui prépare la jeune fille pour la vie[30]. » La préparation des femmes demeure essentielle pour le bonheur des familles de chez nous, selon l'inspecteur général des écoles catholiques :

> Madame de Maintenon disait : « Les femmes font et défont les foyers. » C'est vrai toujours et dans tous les pays. Vingt-cinq ans de travail ont confirmé l'abbé Beau-

det dans sa conviction que c'est par l'école seule que l'on peut pénétrer les masses et atteindre les familles. L'école primaire ! voilà l'unique moyen pratique de vulgariser l'enseignement ménager[31].

Le 15 mai 1914, lors de l'inauguration de la nouvelle école normale, figurent toutes les autorités de la province, y compris le lieutenant-gouverneur François Langelier.

Dès l'année suivante, les religieuses agrandissent l'école afin d'y installer un musée, une bibliothèque, un cabinet de physique et de chimie, une salle assez spacieuse pour donner certains cours à deux ou trois groupes à la fois et pour ajouter un nombre suffisant de classes d'application.

Grâce à l'école normale de Saint-Pascal dirigée par les Sœurs de la Congrégation de Notre-Dame, des centaines d'institutrices peuvent donner l'enseignement ménager dans les écoles primaires de la province. Un mouvement est lancé qui permettra que surgissent un peu partout d'autres centres de formation ménagère, appelés justement « écoles de bonheur[32] ». On retrouve donc au Québec un idéal commun pour les écoles ménagères et les écoles normales ; certaines élèves passent des premières aux secondes pour obtenir une formation spécialisée. Aussi, à Saint-Pascal, les deux écoles sont sous le même toit.

Sherbrooke. — Dans les diocèses qui entourent Montréal, ce n'est pas surtout le manque d'institutrices qui incite l'évêque, Mgr Paul La Roque, à demander une école normale, mais plutôt l'insuffisance de préparation de ces institutrices. À Sherbrooke comme à Joliette, l'évêque constate les besoins de la population au moment de ses visites à travers le diocèse. Dans une lettre pastorale spéciale, il décrit à ses fidèles la situation scolaire :

> Grâce à Dieu et à nos bonnes Sœurs enseignantes, Nous sommes heureux de le dire, N.T.C.F., la petite école, en maintes localités de Notre Diocèse n'a pas manqué d'institutrices compétentes. La formation reçue dans le noviciat, par lequel ces Sœurs ont passé, supplée, au moins dans une bonne mesure, à l'entraînement pédagogique de l'École normale proprement dite. Mais que dire de nos Écoles confiées à la direction de maîtresses séculières ? Ces maîtresses, disons-le hautement, sont intelligentes et instruites, vertueuses et surtout dévouées. Que leur manque-t-il donc ? Il manque chez un trop grand nombre d'entre elles, cet entraînement pédagogique si désirable et qui importe tant au progrès des élèves[33].

Mgr La Roque compte beaucoup sur l'école normale, assuré qu'elle contribuera à élever le niveau culturel dans tout son diocèse. Ce qu'il désire par-dessus tout, ce sont des jeunes filles « instruites, mais surtout pieuses et d'une conduite vraiment exemplaire ».

À Sherbrooke, c'est la Commission scolaire qui reçoit les normaliennes à l'académie Sainte-Marie « n'exigeant aucune rétribution en retour de l'hospitalité qu'elle offrait : logement, lumière, chaleur[34] ». Un inconvénient majeur s'ensuit : le local est trop petit pour l'académie et l'école normale, il est impossible d'y loger vingt-sept élèves institutrices. L'école d'application est trop nombreuse comparativement à l'école normale. L'année suivante, on décide de construire parce qu'on a dû refuser cinquante élèves. L'école normale de Sherbrooke accueille, en septembre 1925, quatre-vingt-deux élèves. Avec cette école normale qui assure le service de tous les Cantons de l'Est, l'ensemble des diocèses érigés avant 1900 est pourvu d'écoles normales de filles.

Pendant ce temps, l'aînée des écoles normales est demeurée au monastère des Ursulines de Québec jusqu'au moment où l'espace fut jugée trop restreint. Dans son rapport pour l'année 1912-1913, l'inspecteur général des écoles souhaite des améliorations pour la section des filles de l'école normale Laval. Le désir de C.-J. Magnan tarde à se réaliser. Les religieuses désirent bâtir sur leur propriété de Mérici un édifice qui répondra mieux aux besoins de l'heure. À l'été 1928, une rumeur circule à Québec que la magnifique propriété de Mérici, sur laquelle les Ursulines projettent de bâtir l'école normale, passera en des mains étrangères si une décision n'est pas prise immédiatement[35]. À cet effet, on sollicite une entrevue auprès du premier ministre.

Dès septembre 1930, les élèves entrent dans une nouvelle résidence érigée sur un site historique à l'entrée des Champs de Bataille, l'un des endroits les plus pittoresques de la ville de Québec.

À Québec, le dévouement des Ursulines avait attiré la bienveillante attention de l'inspecteur général des écoles ; il en fut de même pour les autres congrégations religieuses responsables de l'œuvre éducative des filles à travers la province :

> C'est un sentiment de reconnaissance qui [...] a déterminé le gouvernement à reconnaître publiquement le mérite de ces communautés distinguées qui se nomment les Sœurs de la Congrégation de Notre-Dame, les Ursulines, les Sœurs du Bon-Pasteur, les Sœurs de l'Assomption, les Sœurs de Jésus et de Marie [sic], les Sœurs Grises et les Sœurs de la Présentation de Marie[36].

Le projet des évêques était enfin réalisé : doter chacun de leurs diocèses d'une école normale de filles. Dans les années subséquentes, si ce n'est dans le cas des nouveaux diocèses, l'initiative viendra surtout de la population elle-même, ou parfois, de congrégations religieuses enseignantes qui désirent leur propre école normale pour répondre aux espoirs des élèves de leurs maisons d'enseignement et pour assurer à l'œuvre spécifique de leur congrégation une relève bien préparée[37].

Notes

1. *Annuaire statistique,* Québec, 1956-1957, p. 40 ; 1962, p. 38.
2. Voir Tableau II, Appendice, p. 210.
3. *Annuaire statistique,* Québec, 1914, p. 57-58.
4. *Ibid.,* 1962, p. 38-39.
5. *Ibid.,* p. 40.
6. André RAYNAULD, *Croissance et structure économique de la province de Québec,* p. 54-63.
7. William LARKIN et Patrick ALLEN, *Tendances occupationnelles au Canada,* p. 18-19.
8. L.-P. AUDET, *Histoire de l'enseignement au Québec,* t. 2, p. 202.
9. Nive VOISINE, *Histoire de l'Église catholique au Québec,* 1608-1970, p. 56.
10. *Annuaire statistique,* 1914, p. 110 ; 1942, p. 132.
11. Boucher de LA BRUÈRE, *Rapport du Surintendant de l'Instruction publique* (RSIP), 1907-1908, p. XIII.
12. Voir Tableau III, Appendice, p. 212-214.
13. Voir Tableau IV, Appendice, p. 215-217.
14. Archives de la Congrégation de Notre-Dame, Montréal (AC-NDM), Lettre de Mère Sainte-Madeleine, 15 oct. 1856, dans *Registre de la Congrégation de Notre-Dame,* p. 177.
15. A. DESROSIERS, *Les Écoles normales primaires de la province de Québec et leurs œuvres complémentaires,* p. 100.
16. ACNDM, « Historique de l'École normale Jacques-Cartier », dans *Registre CND,* p. 183.
17. C.-J. MAGNAN, « L'École normale Laval. Principes qui ont présidé à sa fondation », dans *L'Enseignement primaire (EP)* vol. 29, n° 3, p. 273.
18. J.-A. M., « Le Surintendant de l'Instruction publique à l'École normale de Rimouski », dans *EP,* vol. 28, n° 6, p. 326.
19. B. de LA BRUÈRE, « Discours prononcé lors de l'inauguration de l'École normale de Chicoutimi, dans *EP,* vol. 29, n° 5, p. 280.

20. Archives de la Maison généralice des Sœurs du Bon-Pasteur, Québec, *Rapport* de J.-E. Duchesne à M. le Surintendant, pour l'année finissant le 30 juin 1908, p. 1.

21. Mgr F.-X. Cloutier, *Lettre circulaire de Mgr l'Évêque des Trois-Rivières pour annoncer l'ouverture de l'École normale*, 6 juillet 1908, p. 6.

22. Archives de la Maison mère des Sœurs de l'Assomption, Nicolet, J.-S. Hermann, *Humble supplique*, présentée à M. le Premier Ministre de la Province de Québec, 15 oct. 1907.

23. « Rapport de l'abbé Georges Courchesne à M. le Surintendant », dans *RSIP,* 1921-1922, p. 255

24. Rapport de l'abbé Courte à M. le Surintendant, dans *RSIP,* 1929-1930, p. 258.

25. Archives des Sœurs des Saints Noms de Jésus et de Marie, Valleyfield, Sœur Jeanne Martin, *A Valleyfield, on fête*, p. 6.

26. Mgr Bernard, « Discours prononcé à l'inauguration de l'École normale de Saint-Hyacinthe », 29 mai 1912, dans *EP*, vol. 35, n° 1, p. 10.

27. Mgr J.-A. Archambault, « L'École normale de jeunes filles, à Joliette », dans *Lettres pastorales, Mandements et Circulaires de Mgr J.-A. Archambault*, vol. III, n° 8, p. 162.

28. ACNDM, L.-N. Bégin à l'abbé Beaudet, dans « Mémoire préparé par le Directeur de l'École ménagère de Saint-Pascal, démontrant l'importance de l'enseignement ménager et l'urgence de l'organiser sur des bases solides » tiré des *Annales de la Congrégation de Notre-Dame, Saint-Pascal, 1905-1912.*

29. C.-J. MAGNAN, « Écoles normales », dans *RSIP,* 1912-1913, p. 443.

30. ACNDM, Joseph PASQUET, *Inauguration officielle de l'École normale classico-ménagère de Saint-Pascal,* 5 mai 1914.

31. C.-J. MAGNAN, « École normale classico-ménagère de Saint-Pascal, ses débuts et son développement », dans *EP*, vol. 52, n° 4, p. 241.

32. Expression chère à Mgr Albert Tessier, le promoteur des Écoles ménagères du Québec. Ces écoles étaient aussi nommées Instituts familiaux.

33. Mgr LA ROQUE, « Lettre pastorale spéciale », 4 mai 1925, dans *EP*, vol. 47, n° 4, p. 215-216.

34. ACNDM, *Annales de l'École normale Marguerite-Bourgeoys,* Sherbrooke, 1re partie : 1922-1931.

35. C.-F. DELAGE, « La nouvelle école des Ursulines de Québec », dans *EP,* vol. 53, n° 1, p. 20.

36. C.-J. MAGNAN, « Discours à l'inauguration de l'École normale de Joliette », dans *EP* vol. 35, n° 8, p. 462.

37. Voir à ce sujet le Tableau V portant sur les écoles normales de jeunes filles selon les congrégations enseignantes, Appendice, p. 218-220.

4
Les écoles normales diocésaines de jeunes filles (1923-1939)

La formation des maîtres étant une condition essentielle dans l'amélioration de la situation scolaire, on peut affirmer que la province de Québec a fait un pas vers le progrès de 1899 à 1922 puisque onze écoles normales ont vu le jour dans les anciens diocèses.

De 1923 à 1939, onze nouvelles écoles normales de jeunes filles viendront répondre au vœu des évêques dans les nouveaux diocèses ou aux besoins spécifiques dans certains centres d'anciens diocèses.

ÉCOLES NORMALES DANS LES NOUVEAUX DIOCÈSES

Gaspé. — Un diocèse est érigé à Gaspé en 1922 et le principal de l'école normale de Rimouski, François-Xavier Ross, en devient le premier évêque. Peu après son intronisation, Mgr Ross visite ses fidèles et constate les urgents besoins de la population au point de vue de l'éducation : « Nos écoles sont inférieures en maintes régions du diocèse ; et on aura beau modifier les programmes, prêcher l'assiduité aux écoles, le résultat ne sera appréciable que dans la mesure où les institutrices seront formées à l'art de l'enseignement[1]. »

Le nouvel évêque de Gaspé vient de quitter les Ursulines de Rimouski dont l'œuvre principale est la formation des jeunes filles, et qui sont disposées à collaborer à son projet d'éducation. Mais dans cette région de la province, il faut tenir compte de certains facteurs géographiques : « l'éloignement des grands centres, l'éparpillement d'une population le long de plusieurs centaines de milles de côtes[2] ». La description de la situation scolaire parle d'elle-même :

Gaspé-Nord : 35 municipalités scolaires
13 institutrices religieuses
112 institutrices laïques dont :
67 diplômées du Bureau central
17 diplômées d'une école normale
28 non-diplômées

Gaspé-Sud : 30 municipalités scolaires
30 institutrices religieuses
125 institutrices laïques dont :
58 diplômées du Bureau central
31 diplômées d'une école normale
36 non-diplômées

Bonaventure : 41 municipalités scolaires
38 institutrices religieuses
193 institutrices laïques dont :
16 diplômées du Bureau central
31 diplômées d'une école normale
36 non-diplômées[3].

Le nombre des non-diplômées s'élève à cent, ce qui ne peut manquer d'émouvoir le pédagogue qu'est le nouvel évêque de Gaspé. De plus, Mgr Ross désire pour son peuple un réveil intellectuel, une poussée vers l'éducation. Les restrictions imposées par la guerre maintenant abolies, l'évêque peut facilement obtenir son école normale : aussitôt présentée, la demande est agréée.

En 1924, les cours débutent dans un local mis à la disposition de Mgr Ross par un hôtelier de la ville. Le nombre d'élèves est limité à vingt à cause de l'éxiguïté du bâtiment et, dès l'année suivante, une construction abrite les normaliennes.

Mont-Laurier. — Au sujet de la région de Mont-Laurier, le surintendant écrit : « encore une région qui se développe avec une étonnante rapidité[4]. » Et il est heureux, à la bénédiction de l'école normale en 1926, de représenter le Gouvernement « qui a facilité l'établissement d'une école normale dans le Nord, afin de procurer au jeune diocèse de Mont-Laurier les bienfaits d'un personnel bien préparé à remplir sa mission[5] ».

Une maison nouvellement construite abrite les 144 élèves dont 60 normaliennes. Le grand nombre des inscriptions prouve assez bien la nécessité d'une école normale dans cette région. Chaque année, les jeunes filles en sortent nombreuses, prêtes à jouer le rôle social qui les attend dans les écoles primaires. Les deux premières religieuses de Sainte-Croix, arrivées à Nominingue au début de la colonisation pour instruire les enfants d'une trentaine de familles déjà installées dans la région de Mont-Laurier, avaient rempli ce rôle avec beaucoup de zèle. Mgr François-Xavier Brunet, en visite à la maison mère des Sœurs de Sainte-Croix, en parle éloquemment : « Mes sœurs, vous avez été des pionniers chez nous, c'est là que vous aurez votre école normale[6]. » Le souhait se réalise sous l'instigation du deuxième évêque, Mgr Limoges.

Ville-Marie. — Après Mont-Laurier, la demande vient de Ville-Marie, dans le diocèse de Timmins. Cette fois, c'est la supérieure générale des Sœurs Grises de la Croix qui, en 1930, expose la situation scolaire au surintendant de l'instruction publique : le peu de réussite scolaire dans les écoles, les difficultés qu'éprouvent les commissaires à se pourvoir d'institutrices diplômées, l'incompétence d'un bon nombre d'enseignantes diplômées du Bureau central, la menace d'ignorance ou de formation intellectuelle inférieure pour la génération de demain ; de plus, la présence des religieuses capables d'entreprendre l'œuvre destinée à relever le niveau des écoles du Témiscamingue.

Le pensionnat des Sœurs Grises de la Croix est précisément l'endroit désigné pour les examens du Bureau central où, chaque année, 20 à 25 élèves du pensionnat subissent les examens. En outre, un nombre suffisant d'externes alimentent les classes d'application où les normaliennes font leur apprentissage. Pour ces raisons, l'école normale sera installée, en septembre 1930, au pensionnat de Ville-Marie.

En octobre 1931, le surintendant indique dans son rapport que la situation géographique de la région, son éloignement des centres avait justifié l'ouverture d'une nouvelle école normale.

Saint-Jean. — De son côté, l'évêque de Saint-Jean, Mgr Anastase Forget, désire « donner aux enfants de son diocèse tous les avantages que procurent une solide instruction et une éducation soignée[7] ». Dans une lettre adressée au surintendant en 1935, il appuie la demande des religieuses par des nombres bien significatifs :

Population catholique du diocèse de Saint-Jean   62 571
Enfants fréquentant les écoles   13 135

Écoles	216
Institutrices	214
Diplômées des écoles normales	61[8].

Mgr Forget profite de la tournée pastorale pour visiter une à une les écoles de son diocèse ; il remarque que les institutrices sont en général trop jeunes, sans discipline pédagogique. Pour remédier à cette lacune, les Sœurs de la Congrégation de Notre-Dame sont disposées à « prêter leur concours et à donner tout leur dévouement à l'organisation de ce nouveau foyer des sciences pédagogiques[9] ».

L'école normale débute en septembre 1936, dans un édifice tout neuf, spécialement aménagé pour les besoins de la cause.

Amos. — En Abitibi, le nombre des écoles s'accroît rapidement mais les institutrices qualifiées y sont en nombre insuffisant. Alors l'évêque du nouveau diocèse d'Amos, Mgr Joseph-Aldée Desmarais, se charge de réaliser le projet déjà élaboré en 1930[10]. Ce sont les Sœurs de l'Assomption qui accueillent en 1940, dans la maison mise à leur disposition par Mgr Desmarais, les seize élèves qui forment le noyau de l'école normale d'Amos. Déjà, l'institution assure la formation des institutrices ; il y manque pourtant les classes d'application. Les religieuses entreprennent des démarches auprès de la Commission scolaire d'Amos et obtiennent, le 25 janvier 1940, une réponse très favorable à leur demande : « Que permission soit accordée aux Révérendes Sœurs de l'Assomption de la Sainte-Vierge, de se servir, à cette fin, des écoles dont elles ont la direction dans la ville d'Amos[11] ».

Tout le monde travaille au bien de l'école normale surtout quand il s'agit de doter la ville d'un nouvel édifice. Le 3 septembre 1941, la grande maison s'apprête à recevoir les quarante-deux normaliennes. Pour favoriser les jeunes filles qui, dans leur localité, ne peuvent poursuivre des études au-delà de la 9e année, Mgr le Principal obtient une aide substantielle aux élèves du cours prénormalien qui faisaient partie de la famille normalienne. Après trois ans, les salles de classes débordent à l'école normale qui reçoit quatre-vingt-cinq élèves. Pendant de longues années, l'école normale d'Amos est la seule à répondre aux besoins de ce diocèse éloigné.

NOUVELLES FONDATIONS DANS LES ANCIENS DIOCÈSES

Des besoins particuliers et nouveaux se font sentir dans les anciens diocèses déjà pourvus d'une école normale de jeunes filles. Dans le diocèse de Québec, par exemple, aux deux écoles normales existantes s'en ajoutera une troisième dans un milieu rural en plein développement.

Beauceville. — Dès le printemps 1913, à Beauceville, le curé Z. Lambert, après avoir constaté le peu de préparation pédagogique de la plupart des institutrices de sa paroisse, avait commencé les premières démarches en vue d'obtenir une école normale. La guerre vient paralyser son élan ; mais, à l'automne de 1921, il déclenche diverses initiatives en s'assurant du concours des autorités ecclésiastiques, puis de Louis-Alexandre Taschereau, de L.-A. David, de Hugues Fortier, député de la Beauce et d'Édouard Fortin, maire de la ville. La révérende mère Sainte-Thérèse, supérieure provinciale des Sœurs de Jésus-Marie de Québec, conduit les négociations avec un zèle inlassable et, le 13 avril 1922, l'école normale est accordée.

En septembre 1923, soixante-quatorze normaliennes sont reçues provisoirement au couvent de la rive gauche de la rivière Chaudière, dirigé par les religieuses de Jésus-Marie. Il faudra attendre au 12 septembre 1925 pour que les étudiantes prennent possession d'un nouvel édifice situé sur la rive droite de la rivière.

Saint-Jérôme. — Avant même l'érection du diocèse de Saint-Jérôme une nouvelle école normale de jeunes filles était accordée en 1922 au diocèse de Montréal pour répondre aux besoins du nord de la métropole, c'est-à-dire des comtés de Terrebonne, des Deux-Montagnes, d'Argenteuil, de Labelle, de Montcalm et de l'Assomption qui comptent au moins 600 écoles et plusieurs grands couvents fréquentés par plus de 25 000 élèves. Comme à Beauceville, le développement régional entraîne la fondation de l'école normale qui sera, elle aussi, la conséquence des efforts du peuple et du clergé de la région. La première démarche remonte à l'année 1912, lors de la session de mai du Comité catholique alors que le chanoine Gaspard Dauth donne lecture d'une lettre des Sœurs de Sainte-Anne de Lachine qui demandent la fondation d'une école normale de jeunes filles à Saint-Jérôme. Un document conservé aux Archives du Québec résume toutes les démarches. Le 9 août de la même année, les commissaires d'écoles chargent le commissaire Prévost, membre du Conseil de l'instruction publique, de présenter la résolution qui demande au gouvernement provincial de bien vouloir accorder une subvention pour la construction d'une école normale. À la séance du 14 mai 1913, Mgr Paul-Napoléon Bruchési, archevêque de Montréal, appuyé par Jules-Édouard Prévost, propose l'ouverture d'une école normale de filles à Saint-Jérôme, sous la direction des Sœurs de Sainte-Anne.

En septembre 1913, afin d'accélérer le projet, la supérieure générale des Sœurs de Sainte-Anne s'engage au nom de sa Congrégation à construire à Saint-Jérôme une école normale coûtant 50 000 dollars, si le gouvernement veut bien autoriser cette fondation. La lettre adressée à J.-E. Prévost est immédiatement acheminée à Lomer Gouin. En février 1914, le député de Terrebonne interpelle le gouvernement à la Chambre d'assemblée au sujet de cette école normale : l'incident sera relaté dans les journaux du 12 février. Le premier ministre est au courant de la recommandation du Comité catholique ; il connaît même les besoins du Nord et se montre tout disposé à étudier la question avec le secrétaire de la Province. Rempli d'espoir, J.-E. Prévost retourne à Saint-Jérôme.

Les entrevues et les requêtes continuent. Au mois de juillet 1914, J.-E. Prévost adresse à tous les curés du nord de Montréal une requête que devraient signer les membres des commissions scolaires. Le 12 septembre de la même année, ce document est présenté à Lomer Gouin.

En 1916, l'Association libérale du comté de Terrebonne se met de la partie ; tout de même, il faut attendre la fin de la guerre et le rajustement économique pour obtenir l'école normale. En mai 1922, le gouvernement accorde enfin l'école normale de Saint-Jérôme qui sera installée dans l'ex-local du pensionnat.

Roberval. — Au royaume du Saguenay, la colonisation bat son plein ; en 1924, on compte plus de trente nouvelles paroisses. Jusqu'alors les religieuses du Bon-Pasteur avaient répondu aux besoins de la région par leur école normale de Chicoutimi, mais l'éloignement des territoires colonisés et la grande pénurie d'institutrices diplômées exigent la fondation d'une nouvelle école normale de jeunes filles.

Déjà en 1919, l'incendie au monastère des Ursulines de Roberval avait motivé la demande de cette deuxième école normale dans le diocèse de Chicoutimi. Entre les mois de février et d'août, toutes les initiatives furent bonnes :. les notables de la ville n'épargnèrent ni le temps, ni les voyages ; de même l'abbé Martin, Jean-Charles Chapais et les membres de la Chambre de commerce unirent leurs efforts dans le même sens. Ils obtinrent une réponse identique : « il ne faut pas établir de précédent par l'établissement d'une seconde école normale dans un même diocèse[12] ».

L'abbé Joseph Lizotte tente d'autres démarches, en 1924, appuyé par des amis dévoués tels que Émile Moreau, Édouard Boily, Jules Constantin, Léon Mercier-Gouin et son épouse, une ancienne élève de la maison. Le Comité catholique donne le dernier coup de barre à la séance du 14 mai 1924. Un éclatant succès couronnait tant de ténacité.

Le monastère des Ursulines, inauguré en 1882, incendié et rebâti plus d'une fois, est remplacé par une école normale dont la bénédiction a lieu le 10 juin 1926. Désormais, loin d'être une rivale de l'école normale de Chicoutimi, l'école de Roberval devient une émule dans le champ de la formation pédagogique.

Sainte-Ursule. — Un problème analogue à celui de l'école normale de Saint-Pascal se présente dans le comté de Maskinongé. Comme les Sœurs de la Providence n'ont pas d'école normale dans la province, elles sollicitent la faveur de transformer leur école ménagère pour recevoir les jeunes filles de leur milieu qui veulent se préparer à l'enseignement ; ainsi pourront-elles maintenir dans cette région agricole « le véritable amour de la terre et du foyer[13] ».

Cependant, l'inspecteur général des écoles estime qu'il faut laisser mûrir ce projet avant de passer à la sanction du gouvernement. Lorsqu'en 1929 la communauté des Sœurs de la Providence demande au Département de l'instruction publique la reconnaissance de leur école ménagère comme école normale classico-ménagère, C.-J. Magnan expose à Sœur Marie des Servites les raisons pour lesquelles il n'est pas opportun de soulever présentement la question ; d'ailleurs, Mgr Comtois n'en voit pas la nécessité, étant donné que l'école ménagère n'a qu'une année d'existence. Il convient donc d'affermir cette institution, d'élargir ses cadres avant de songer à une mutation. L'inspecteur général des écoles semble avoir joué un rôle de conseiller auprès des religieuses « en invoquant le fait que de toutes les grandes communautés de la province de Québec, celle des Sœurs de la Providence est la seule à ne pas avoir d'école normale[14] ».

La solution est sans doute entre les mains de Mgr Comtois et de l'archevêque de Montréal dont dépend la maison mère des Sœurs de la Providence.

L'école ménagère de Sainte-Ursule se développe et prépare sa transformation pendant que les religieuses multiplient leurs démarches auprès du surintendant, du secrétaire de la Province, du député de Maskinongé. De son côté, C.-J. Magnan invite ses amis du Comité catholique à se montrer favorables à la demande des Sœurs de la Providence. La recommandation est faite à la session du 26 septembre 1934 et le lieutenant-gouverneur accorde la sanction le 19 septembre 1935. Comme à Saint-Pascal, les deux écoles cohabitent dans le pensionnat de Sainte-Ursule.

Baie-Saint-Paul. — Dans Charlevoix, les religieuses de la Congrégation de Notre-Dame comptent quatre-vingt-huit ans à la cause de l'éducation et se disent toutes prêtes à accepter la responsabilité d'une école normale. L'évêque de Chicoutimi, Mgr Charles Lamarche, se charge d'en informer le surintendant : « Ce couvent est une des plus anciennes maisons d'éducation, et grâce à l'attention toute particulière donnée au cours de pédagogie, il a toujours fourni à la région un bon nombre d'institutrices[15]. » D'ailleurs, la suppression imminente du Bureau central pourrait éventuellement priver les Sœurs de la Congrégation de Notre-Dame d'un rôle qu'elles jouent depuis 1865. Les curés des paroisses s'inquiètent, la position géographique isole en quelque sorte cette région. À cause des difficultés de communications avec Chicoutimi, Saint-Pascal et Québec, les jeunes filles ne peuvent se rendre à ces endroits et « fréquentent naturellement le vieux couvent de Baie-Saint-Paul considéré comme la maison mère de l'enseignement dans le diocèse[16] ». Le rôle du vieux couvent répond aussi à un besoin social :

> Notre région montagneuse et tourmentée, située à part au point de vue formation, tant à cause de ses vieilles traditions françaises parfaitement conservées qu'à cause de ses mœurs nettement caractéristiques a besoin de se pourvoir par elle-même d'institutrices sorties de son sein, et formées chez elle, qui connaîtront à fond les caractères de sa population[17].

On retrouve ce point de vue dans d'autres milieux ruraux où la mentalité des gens est souvent très caractérisée.

Dans une requête adressée à leur évêque, les curés de Charlevoix insistent sur l'urgence de la demande et apportent une suggestion pertinente : « étant données les conditions parlementaires encore peu définies, Votre Excellence peut obtenir le choix d'un Principal, provisoirement nommé, et aussi d'un Professeur[18] ». La proposition concernant l'école normale est présentée à la session de septembre 1936. Sans attendre la fin d'une entente entre le Gouvernement et la Congrégation, la supérieure du couvent exprime, lors d'une visite au surintendant, le désir de faire compter la présente année comme première année d'école normale. La correspondance échangée entre l'inspecteur général des écoles normales et la supérieure aboutit à un accord le 17 décembre 1936 : les jeunes filles qui ont complété une septième année sont considérées en deuxième année élémentaire et les élèves de neuvième année en troisième. Toutes s'appliquent à la pratique de l'enseignement, et doivent poursuivre une deuxième année à l'école normale, pour recevoir un diplôme. C'est ainsi que la population de Charlevoix est favorisée grâce aux requêtes des curés, à l'initiative des religieuses et à l'attention compréhensive du surintendant de l'instruction publique.

Si depuis son existence, le couvent de Baie-Saint-Paul a servi la cause de la formation des institutrices pour la région, il est désormais appelé à ouvrir ses portes aux normaliennes. Entre-temps, il change de propriétaire car, depuis l'incendie de 1924, le pensionnat et ses dépendances appartiennent à la Commission scolaire qui a assumé, pour une large part, les frais de la construction. Le 3 juillet 1937, le couvent redevient la propriété de la Congrégation de Notre-Dame.

Iles de la Madeleine. — Le problème de Baie-Saint-Paul est presque identique à celui des îles de la Madeleine où les religieuses de la Congrégation de Notre-Dame possèdent un couvent depuis 1877. Elles y ont préparé près de trois cents institutrices pour les écoles des îles en présentant au Bureau central les meilleures de leurs élèves. Maintenant que le Bureau central est appelé à disparaître, il faut songer à une autre solution. C'est au nom des curés des îles, de l'inspecteur Thériault et des religieuses du couvent que la supérieure générale demande s'il est possible d'établir un *cours normal* pour les deux raisons suivantes :

1. Il est certain que les institutrices déjà diplômées de la province de Québec n'iront pas enseigner aux îles de la Madeleine ;

2. Les jeunes filles des îles, à cause de la distance et des déboursements nécessaires, ne peuvent se permettre d'aller étudier dans les écoles normales de la province de Québec[19].

La situation économique des Madelinots limite leurs possibilités. Sans école normale, il faudrait se résigner à confier la jeunesse à des institutrices non diplômées. En 1936, la population des îles, de 8 000 habitants, est desservie par trente-deux écoles primaires.

Après des démarches ordinaires entreprises auprès du gouvernement, le cours normal est accordé et cinq ans plus tard, l'école normale régulière. Le vieux couvent de Havre-aux-Maisons reconstruit offre aux futures institutrices des îles de la Madeleine les conditions matérielles et pédagogiques nécessaires à leur formation.

Vingt-deux écoles normales de jeunes filles sont établies dans les diocèses de la province au cours de cette troisième période. S'il faut louer le zèle du clergé et des communautés religieuses enseignantes, il faut souligner la compréhension et le travail des premiers ministres Marchand, Parent et Gouin, des surintendants de l'instruction publique et des secrétaires de la province qui ont contribué largement à la reconnaissance de certaines écoles. Ainsi, on peut constater que le pouvoir religieux et le pouvoir civil ont collaboré harmonieusement. À l'occasion de l'établissement de l'école normale de Chicoutimi en 1905, un article du journal *le Progrès du Saguenay* explique bien l'atmosphère politique de cette époque : « L'Église va à l'État pour la colonisation comme l'État va à l'Église pour l'École[20]. » Un objectif semblait atteint : la multiplication des écoles normales de jeunes filles selon les besoins, sous l'influence du clergé, du peuple et du gouvernement québécois.

Notes

1. Mgr F.-X. ROSS, cité par C.-J. MAGNAN, « L'école normale de Gaspé », dans *EP*, vol. 47, n° 2, p. 90.
2. C.-F. DELAGE, « Écoles normales », dans *RSIP*, 1923-1924, p. XI.
3. Archives de Québec (AQ), *Gaspésie*, 15-61-38.
4. C.-F. DELAGE, « Les Écoles normales de Roberval et de Mont-Laurier », dans *EP*, vol. 49, n° 5, p. 292.
5. C.-J. MAGNAN, « Inauguration de l'École normale de Mont-Laurier », dans EP, vol. 49, n° 5, p. 292.
6. Rodolphe MERCURE, « Discours à l'inauguration de l'École normale de Mont-Laurier », dans *EP*, vol. 49, n° 6, p. 370.
7. AQ, 09-70-32, lettre de la supérieure générale de la Congrégation de Notre-Dame à M. le Surintendant, 25 avril 1935.
8. AQ, 09-70-32, lettre de l'évêque de Saint-Jean à l'honorable Cyrille Delâge, 10 oct. 1935.
9. *Procès-verbaux du Comité catholique du Conseil de l'Instruction publique* (B.-O. Filteau), séance de mai 1930, p. 4.
10. Archives de la Maison mère des Sœurs de l'Assomption de la Sainte-Vierge, Amos, Lettre de Pierre Trudelle à Sœur Saint-Athanase, 25 janvier 1940.
11. *PVCCCIP* (J.-N. Miller), séance du 14 mai 1913, p. 4.
12. Thomas TREMBLAY, « Historique du Couvent des Ursulines ». dans *EP*, vol. 52, n° 1, p. 590.
13. Archives de la Maison mère des Sœurs de la Providence, Montréal, Lettre de Sœur Amarine à l'honorable L.-A. David, 8 mai 1934.
14. Archives de la Maison mère des Sœurs de la Providence, Lettre de C.-J. Magnan à Sœur Marie des Servites, 26 juin 1929.
15. AQ, 09-70-28, lettre de Mgr Lamarche à M. le Surintendant, 24 juillet 1936.
16. *Ibid.*
17. AQ, 09-74-15, lettre de MM. les Curés de Charlevoix à Mgr l'Évêque de Chicoutimi, 21 août 1936.

18. *Ibid.*
19. AQ, 09-74-15, lettre de Sœur Saint-Valérien à M. le Surinten-
    dant, 21 août 1936.
20. Jean PROVOST, « L'Instruction publique », dans *Le Progrès du
    Saguenay,* 30 nov. 1905, p. 1.

5

Fonctionnement des écoles normales diocésaines (1899-1939)

La Loi des écoles normales de 1856 stipulait le fonctionnement général de ces écoles. Ainsi, l'établissement et le soutien des écoles normales devaient dépendre du lieutenant-gouverneur tandis que le contrôle en revenait au surintendant des écoles. Mais la réalité est autre pour les écoles normales de jeunes filles. Sur le plan financier, le surintendant Boucher de la Bruère avait proposé de les agréger à des communautés enseignantes alors qu'aux points de vue académique et pédagogique ces écoles étaient sous la direction de principaux qui recevaient leurs directives du Département de l'instuction publique et du Comité catholique du Conseil de l'instruction publique.

FINANCEMENT

L'École normale Laval, section des jeunes filles. — L'entente signée en 1857 avec les Ursulines de Québec prévoit une somme minime qui, à cause de la situation financière de la province, demeure la même pendant cinquante ans. Les revenus du Québec ont quadruplé au moment où les religieuses décident en 1907[1] d'adresser au secrétaire de la Province une lettre dans laquelle elles expriment leurs doléances :

> Il ne nous est plus possible avec l'octroi actuel de faire face aux dépenses que nécessitent sans cesse les améliorations modernes de tous genres. La cherté des vivres toujours croissante, n'entre pas pour peu dans le surcroît des dépenses que nous rencontrons pour maintenir la plus ancienne École normale du pays[2].

Les religieuses suggèrent une augmentation de la pension de 48 dollars à 60 dollars, une subvention de 3 000 dollars au lieu de 1 100 dollars et un octroi de 1 000 dollars pour l'enseignement de la musique à moins que les parents n'en acquittent les frais. Cette demande arrive malheureusement trop tard, comme le spécifie Adolphe Roy à la supérieure : « La Chambre va être appelée à voter le budget de l'année 1907-1908, qui est préparé et adopté par l'Exécutif et que nous ne pouvons changer maintenant[3]. »

Les négociations reprennent le 11 août et, dès le 19 septembre, l'évêque et le Conseil de la communauté reçoivent, pour approbation, copie d'un nouveau contrat. Sur les 3 000 dollars octroyés, quatre bourses de 24 dollars doivent être mises à la disposition du secrétaire provincial[4]. L'année suivante, on réduit à deux le nombre des bourses, grâce à une entente entre Adolphe Roy et Mgr Louis-Nazaire Bégin, archevêque de Québec. De plus, les leçons de musique seront payées par les parents des élèves comme le proposaient les Ursulines.

Le 7 octobre 1908, un nouveau contrat est signé entre le Gouvernement et la communauté : « Le contrat de 1857 n'était pas annulé, et le nouveau était conclu pour une période de quinze années. Les trente-cinq élèves-institutrices qui, d'après les premiers règlements, ne payaient que 48 dollars par année, ne donneront pas davantage à l'avenir[5]. » Quant aux élèves surnuméraires, elles doivent payer 80 dollars depuis 1906.

Ce nouveau contrat permet de meilleures conditions d'existence, mais l'exiguïté des locaux demeure. Déjà en 1901, les religieuses avaient acheté une grande propriété sur les Plaines d'Abraham au montant de 50 000 dollars. Toutefois, la décision d'entreprendre une construction au coût de plusieurs milliers de dollars en est une d'importance. À sa réunion du 25 février 1928, le Conseil de la Communauté délibère sur le sujet et le 18 mars approuve la décision à l'unanimité. Le cardinal Rouleau se charge de la demande d'une subvention plus substantielle pour « cette vénérable maison québécoise qui a tant fait pour l'éducation des jeunes filles dans le passé et qui pourra faire encore davantage dans l'avenir en des conditions plus avantageuses[6] ». Le surintendant se montre très favorable : « Nulle communauté enseignante n'a de meilleur titre à notre générosité[7]. » La réponse ne tarde pas, et l'on signe un autre contrat la même année. Une subvention de 10 000 dollars sera versée à partir de juillet à la condition expresse que l'école normale soit en état de recevoir les élèves avant le 1er septembre 1930.

Dans les notes présentées au surintendant par le cardinal Rouleau, les Ursulines prévoient une dépense de 140 000 dollars pour la construction de Mérici alors que la subvention demandée doit couvrir l'intérêt du capital à 5 p. 100 et l'entretien du bâtiment, soit une somme équivalente à 2 p. 100 du capital. Les faits révèlent une tout autre situation. En mars 1952, un mémoire adressé au surintendant de l'instruction publique brosse un tableau général de l'aide reçue du gouvernement depuis la fondation[8]. On y retrouve le montant exact des frais de construction et d'aménagement qui s'élève à 486 000 dollars en 1930. C'est dire que les prévisions furent largement dépassées.

Le 18 août 1928, un journaliste de *L'Action catholique* écrit au sujet des religieuses de Mérici ce témoignage pertinent : « Elles ont montré une fois de plus qu'elles ne craignent pas de dépenser sans compter quand il s'agit de développer chez nous l'éducation. »

L'école normale Jacques-Cartier, section des jeunes filles. — L'établissement de l'école normale des jeunes filles à Montréal avait retardé surtout à cause de l'incapacité financière du gouvernement. Le surintendant l'explique dans son rapport de 1857 :

> J'ai dû suspendre mes démarches à ce sujet, lorsque j'ai été convaincu que les ressources pécuniaires mises à ma disposition ne suffiraient point à l'entretien d'un double pensionnat dans chacune de ces écoles[9].

Dès la fondation de cette deuxième école, la subvention fut plus élevée que celle accordée à l'école normale des filles à Québec. Nous retrouvons dans les Annales de l'école normale Jacques-Cartier, section des filles, le montant alloué en 1899 soit 4 500 dollars répartis comme suit :

loyer des classes, chauffage, etc.	$1 100
bourses aux élèves (100 x $12)	$1 200
salaire de deux professeurs	$2 200

Le 1er septembre de la même année, le montant des bourses subit une modification : le gouvernement s'engage à fournir plutôt 50 bourses de 24 dollars. La pension fixée à 60 dollars par année est payable en trois termes : à la date de la rentrée, du 1er janvier et du 1er mai. Chaque terme est payé en entier à moins d'une absence de trente jours consécutifs. Les fournitures classiques sont à la charge des familles de même que les frais d'installation et d'infirmerie en cas de maladie.

Après sept années de fonctionnement, un nouvel arrêté en conseil fixe à 7 500 dollars le montant de la subvention. Dès le 30 septembre 1910, le gouvernement accorde 12 000 dollars pour faciliter la construction de l'école normale des jeunes filles à Montréal. Le 20 mai 1911, la subvention passe à 15 000 dollars. Grâce à la bienveillance des Messieurs de Saint-Sulpice qui donnent le terrain, la construction de l'école ne s'élève qu'à 150 000 dollars. En 1913, les normaliennes occupent déjà le nouvel édifice.

L'écart observé entre les subventions accordées aux deux premières écoles normales s'explique par le fait que les religieuses de la Congrégation de Notre-Dame assument presque totalement l'enseignement à leur école normale tandis que les professeurs de l'école normale Laval sont responsables de la grande majorité des cours donnés aux élèves de la section des jeunes filles.

Autres écoles normales diocésaines. — Avec l'ouverture des écoles normales diocésaines, apparaît une nouvelle formule de contrats qui se ressemble de l'une à l'autre. Ces contrats sont divisés en deux parties : les obligations des communautés et les obligations du gouvernement.

Engagements des communautés. — Les religieuses qui se chargent d'une école normale s'engagent à construire et à maintenir l'école, à recevoir et à donner la pension aux jeunes filles désireuses d'enseigner. Par le fait même, les religieuses acceptent de se soumettre à la Loi de l'instruction publique et aux Règlements du Comité catholique. Si, d'une part, elles doivent fournir un terrain spacieux pour l'enseignement de l'horticulture et pour les récréations des élèves, d'autre part, elles doivent procurer aux normaliennes le matériel didactique approuvé par le surintendant, mettre à l'usage du principal et du professeur un bureau convenablement meublé, réserver une pièce pour la bibliothèque et une autre, pour la salle de lecture des élèves. De plus, elles doivent offrir un cours complet où toutes les matières seront enseignées par les religieuses sauf celles attribuées au principal et au professeur laïque.

Pour compléter l'organisation, l'école normale doit avoir son école modèle d'application où les élèves contribuent aux frais d'entretien, de chauffage et d'ameublement bien que très souvent les Commissions scolaires autorisent la direction de l'école normale à utiliser leurs locaux de classe. Les règlements du Comité catholique fixent également les frais de pension pour les internes. Cependant il convient de remarquer que les communautés religieuses doivent assumer les frais de construction des écoles normales :

> [...] le gouvernement provincial ne bâtit pas lui-même les écoles normales de filles et il n'en prend pas la responsabilité financière. Accepter dans ces conditions la régie des écoles normales, c'est de la part des communautés un acte de dévouement à notre éducation primaire[10].

Obligations du gouvernement. — De son côté, le gouvernement alloue pour les frais de l'école normale, une somme annuelle de cinq mille dollars, répartis comme suit :

traitement du principal	$ 500
traitement du professeur	$1 000
vingt bourses de 24 dollars chacune	$ 480
salaire des religieuses institutrices	$1 420
loyer de l'édifice, chauffage, entretien	$1 600

Dans les comptes du Département de l'instruction publique, nous retrouvons plutôt la somme globale de 6 000 dollars entre les années 1906 et 1915.

De même, on accorde parfois un octroi supplémentaire : à Chicoutimi, par exemple, le gouvernement s'engage à payer, pendant une année, des intérêts à 5% sur le coût de l'édifice.

Les salaires du principal et du professeur sont rajustés au cours de la période : celui du principal passe à 800 dollars, puis à 1 000 dollars et celui du professeur de $1 000 à $1 500 dollars. La pension des élèves-institutrices fixée par le surintendant s'élève d'abord à 80 dollars par année, puis à 100 dollars en 1907 et à 120 dollars en 1920. C'est peu si l'on considère la somme allouée journellement à chaque élève et les améliorations exigées par le programme de 1923. « Grâce à leur économie et à la frugalité de leur vie[11] », les religieuses maintiennent dans les meilleures conditions possibles les écoles normales qui leur sont confiées.

Amendements apportés et subsides particuliers. — Des demandes réitérées forcent le gouvernement à augmenter la subvention ; en 1915, chaque école reçoit 10 000 dollars y compris le traitement du principal, celui du professeur et trente bourses de 24 dollars chacune.

Quelques écoles furent favorisées de dons particuliers. Ainsi Mgr Archambault donne, au nom du diocèse, la somme de 5 000 dollars à la fondation de Joliette. De même, pendant 20 ans, le Conseil municipal de Joliette exempte le couvent des Sœurs de la taxe d'eau et pour la même période, fournit le courant électrique jusqu'à concurrence de 200 dollars par année. À Roberval, la Commission scolaire assure aux Ursulines 40 annuités de 1 800 dollars au moment où l'école normale est acceptée.

Tout de même l'écart demeure grand entre l'aide accordée aux écoles normales et l'augmentation des finances de la province, comme l'indiquent, au Tableau VI[12], les trois périodes de l'évolution des écoles normales. Le budget des écoles normales comprend l'ensemble de ces écoles, y compris celles des garçons. En 1857, le budget de la province est de 2 916 312 dollars ; l'instruction publique en reçoit 11,1 p. 100 dont 16,1 p. 100 va aux écoles normales, ce qui équivaut à 2,3 p. 100 du budget global. À cette époque, il existe trois écoles normales de garçons et une seule école normale de jeunes filles. Cinquante ans plus tard, même s'il y a deux écoles normales de filles, l'aide de 1,3 p. 100 représente une diminution relativement au budget global. Il est probable que le gouvernement est contraint d'agir ainsi à cause des montants alors réclamés pour la construction des chemins de fer.

La part attribuée aux écoles normales diminuera constamment : en 1940 elle atteint à peine 9,8 p. 100 du budget de l'instruction publique et 0,4 p. 100 du budget global. L'instruction publique reçoit à peine 5 p. 100 du budget total, ce sont les communautés religieuses qui assumeront les déficits annuels et permettront l'apparition assez régulière d'écoles normales nouvelles suscitées par des besoins nouveaux.

ORGANISATION PÉDAGOGIQUE

Les transformations de la société se répercutent dans les écoles où elles incitent les inspecteurs à hausser le niveau des études. Par ricochet, ces changements dans les programmes du primaire entraînent des adaptations dans celui des écoles normales, notamment dans les années 1923 et 1938. Ces modifications assez importantes se font sentir jusque dans les conditions d'admission et dans la certification des institutrices.

Genèse des nouveaux programmes. — La stabilité du programme d'études marque surtout la première période de l'évolution des écoles normales. Le programme de 1905 indique peu d'améliorations : le contenu des matières permet de répondre aux besoins de l'enseignement au primaire, sauf qu'on y ajoute des cours de philosophie et de latin. La différence réside surtout dans l'emploi de certaines méthodes qui permettent aux jeunes filles d'aborder les matières sous l'angle de la pédagogie théorique et pratique. La normalienne acquiert ainsi une préparation immédiate à l'enseignement. Si on peut la taxer d'être mieux préparée que les élèves qui se présentent au Bureau central, c'est qu'elle a acquis, non seulement la connaissance des matières qu'il lui faudra enseigner, mais encore l'expérience de l'enseignement dans les écoles d'application.

En 1909, comme il est possible d'obtenir un brevet élémentaire après un an d'études dans les écoles normales, l'inspecteur des écoles se rend compte que les écoles normales sont incapables de donner une culture générale suffisante et une formation professionnelle complète. Même les élèves admises au cours intermédiaire peuvent obtenir un diplôme modèle après une année alors qu'elles ont à peine étudié les matières académiques, effleuré l'étude théorique de la pédagogie et réussi l'entraînement pratique. Rares sont les élèves qui suivent le cours complet.

Après une visite aux écoles normales de France, de Suisse et de Belgique en 1910, C.-J. Magnan fait des suggestions pour répondre aux besoins d'une société appartenant désormais à l'ère industrielle et technologique. Il propose qu'on exige des élèves-institutrices au moins deux ans dans une école normale, à moins qu'elles ne se présentent munies d'un brevet du Bureau central. Il suggère également que les élèves, au cours de la deuxième année, s'exercent à la pratique de l'enseignement, et qu'à cet effet on accorde un minimum de deux heures-semaine à la pédagogie théorique et que, de temps à autre, on confie une classe entière à la normalienne. C.-J. Magnan considère que les élèves doivent s'initier au travail personnel : par exemple, par des conférences, des discussions pédagogiques, la critique d'ouvrages scolaires, la lecture expliquée de pages de pédagogie.

L'année suivante, le programme d'études pour les écoles normales de filles est publié sans aucun changement par le Département de l'instruction publique ; c'est le programme de 1905, sans la partie réservée aux garçons. À l'école normale classico-ménagère de Saint-Pascal, on avait élaboré en 1915 un programme spécial qui subira peu de changements en 1922 si ce n'est que les études s'étendront sur quatre ans à cause de l'abondance des matières théoriques et pratiques.

Un nouveau programme s'avère nécessaire, urgent même, mais il faudra l'attendre jusqu'en 1923. Les changements opérés au primaire forcent alors les autorités du Comité catholique à retoucher le programme des écoles normales. Mgr Ross, principal de l'école normale de Rimouski nommé au sous-comité de révision en mai 1918, peut être considéré comme l'homme clef dans la refonte du programme des écoles élémentaires tandis que l'abbé Desrosiers, principal de l'école normale Jacques-Cartier, coordonne les travaux du niveau complémentaire.

Pour mieux comprendre cette réorganisation de la formation des maîtres, voyons ce qui s'est produit au primaire. Jusqu'à cette époque, il y avait trois sortes d'écoles primaires : les écoles élémentaires comportant un cours de quatre années, les écoles modèles, un cours de deux ans et les académies, de deux ans également. À partir de 1923, il n'y en a que deux : les écoles élémentaires et les écoles complémentaires. Les premières comportent trois cours : inférieur, moyen et supérieur, de deux années chacun ; les secondes regroupent les élèves de septième et de huitième années. L'instruction élémentaire, considérée comme l'école de la vie paraît suffisante pour le grand nombre des enfants ; ceux qui désirent poursuivre leurs études s'inscrivent à l'école complémentaire. À ce niveau, on offre quatre sections : agricole, industrielle, commerciale et ménagère qui sont la grande nouveauté des programmes en vigueur aux écoles primaires. En 1929, l'addition d'un cours primaire supérieur de trois ans marquera davantage l'évolution du primaire.

Programme de 1923. — Pour répondre aux exigences nouvelles, le programme des écoles normales comporte deux cours : celui du brevet élémentaire et celui du brevet supérieur. D'une part, on exige deux ans pour l'obtention de l'un ou l'autre de ces brevets et d'autre part, on insiste beaucoup sur l'entraînement professionnel et la méthodologie spéciale pour chacune des matières du programme de l'école primaire. La section ménagère s'ajoute au programme général dans les écoles normales de jeunes filles et elle comprend l'éducation familiale, l'étude théorique et pratique de la coupe, de la couture, de la cuisine, de la tenue de maison, des notions raisonnées d'hygiène et de médecine pratique.

L'introduction du cours primaire supérieur entraîne une quatrième année, à la fois supplémentaire et facultative qui est considérée comme une année de perfectionnement professionnel. On offre alors deux possibilités aux jeunes filles : un cours général avec des cours variés tels que la religion, la pédagogie, le français, l'anglais, l'histoire générale, la philosophie, les sciences naturelles et les mathématiques et un cours ménager dont l'accent porte sur la pédagogie familiale, les sciences naturelles et ménagères.

Programme de 1938. — Le progrès réalisé en 1923 continue sa marche en 1938 par la mise en application d'un troisième programme des écoles normales de jeunes filles qui sera caractérisé par un développement intellectuel plus poussé et une meilleure formation professionnelle. Les directives pédagogiques sont explicites à ce sujet ; la future institutrice doit acquérir une solide culture personnelle par l'étude approfondie de chacune des matières à enseigner et par conséquent s'appliquer :

a) à rectifier au besoin, à compléter, à consolider ses connaissances ;

b) à y mettre plus de précision, de clarté et d'ordre ;

c) à établir des vues d'ensemble, des synthèses ;

d) à donner des développements plus amples à ses connaissances déjà acquises en vue d'une plus complète intelligence de la matière, d'une meilleure assimilaton et d'une plus grande facilité de transmission ;

e) à élever et à varier les différents aspects sous lesquels peuvent s'envisager les divers sujets que présente une matière[13].

À l'occasion des exercices à l'école normale, l'élève observe et s'initie à la critique d'une leçon modèle. Ce nouveau procédé constitue à l'école normale une méthode active particulièrement enrichissante pour le groupe. La formation professionnelle s'appuie donc sur un programme spécial de pédagogie :

a) une étude approfondie des principes généraux de la pédagogie ;

b) une connaissance suffisante de la nature de l'enfant ;

c) l'étude de la psychologie appliquée à l'éducation ;

d) la connaissance théorique et une application pratique des méthodes, modes, procédés nécessaires à un enseignement gradué, méthodique, vivant et intéressant.

Ce nouveau programme exige une bibliothèque bien garnie qui permette à l'étudiante de poursuivre des études personnelles plus approfondies et plus suivies et de mieux préparer ainsi les cours exigés de chaque professeur.

L'inspecteur général des écoles normales constate à sa visite de l'année 1938-1939 que « la vie pédagogique, littéraire, scientifique et religieuse est intense dans nos écoles normales. Leurs fenêtres sont ouvertes sur tous les horizons intellectuels et la lumière y pénètre en abondance[14]. »

Exigences nouvelles à l'admission

Les nouveaux programmes entraînent d'autres exigences quant aux conditions d'admission des écoles normales. Trois étapes marquent cette évolution.

Période 1899-1923. — Les conditions d'admission sont peu modifiées pendant cette période. Pour être admise au cours du brevet élémentaire, la candidate doit présenter le diplôme élémentaire du Bureau central ou subir avec succès devant le principal ou son délégué, un examen écrit sur les matières de sixième année. Pour suivre le cours modèle ou académique, le brevet élémentaire ou modèle est exigé, sinon l'élève doit subir avec succès l'examen écrit du principal ou de son délégué.

Période 1923-1938. — La Commission de révision du programme des écoles normales suggère le cours complémentaire comme « prérequis » à l'admission aux écoles normales ; malheureusement les critères d'admission restent les mêmes qu'auparavant. Pour être admise en première année du brevet élémentaire la future élève doit réussir un examen des matières de sixième année : catéchisme, langue française (dictée, analyse, rédaction), histoire du Canada et arithmétique. Pour obtenir l'admission aux cours du brevet supérieur, la candidate doit détenir un brevet élémentaire d'école normale ou subir un examen sur les matières au programme de la première année d'école normale : catéchisme, langue française et arithmétique. Le succès à l'examen donne accès à la deuxième année du cours élémentaire, préparatoire au cours supérieur. Le brevet supérieur est remplacé à partir de 1936 par le brevet complémentaire et le brevet supplémentaire, par le brevet supérieur.

Période 1938-1939. — L'appellation nouvelle de la huitième année indiquait la différence entre ces deux années. Comme la première année remplaçait le cours préparatoire, de même la neuvième succédait à la huitième année. Dans l'exposé des conditions d'admission à cette époque, nous utiliserons la nouvelle nomenclature.

— Pour être admise en première année d'école normale, l'élève doit présenter un brevet élémentaire du Bureau central, son certificat de neuvième année ou, à défaut, une attestation de la direction de l'école fréquentée. Dans ce cas, le principal ou son délégué peut faire subir à la candidate un examen sur certaines matières de neuvième année.

— Pour être admise en deuxième année du cours élémentaire, l'aspirante doit avoir réussi les examens de la première année du cours élémentaire ou être pourvue du certificat de dixième année. Dans ce cas, l'élève doit subir avec succès un examen sur la pédagogie théorique et sur quelques matières de dixième si le principal le juge à propos, et passer au moins deux années pour se présenter aux examens du brevet complémentaire.

— Pour être admise en troisième année de l'école normale, l'élève doit être pourvue du brevet élémentaire. Une élève qui possède un certificat de onzième année peut y entrer si elle réussit l'examen de pédagogie théorique tel que proposé en première et deuxième années ; mais le principal peut toujours exiger un examen de certaines matières de onzième année.

Celles qui détiennent un brevet complémentaire du Bureau central peuvent, après une année d'étude et deux années d'enseignement réussies, obtenir un brevet complémentaire d'école normale.

— Pour être admise au brevet supérieur, l'aspirante doit être munie du brevet complémentaire d'école normale ou avoir suivi avec succès le cours du brevet complémentaire dans une école normale. Cependant, les bachelières d'université peuvent recevoir le brevet supérieur à la fin d'une année d'école normale. Deux ans d'étude sont donc exigés pour obtenir un brevet d'école normale, sauf pour les deux cas ci-haut mentionnés. Les élèves qui avaient commencé leurs études avant 1938 peuvent aussi les terminer.

Les nouveaux critères d'admission aux écoles normales marquent un effort d'adaptation aux exigences de la société québécoise, désormais urbanisée et industrialisée.

Certification des institutrices

La nomenclature des brevets demeure la même jusqu'au changement intervenu dans les écoles primaires. Les brevets élémentaire, modèle et académique correspondent aux trois niveaux d'études : élémentaire, modèle ou intermédiaire et académique.

À partir de 1923, on compte deux types d'écoles primaires : les écoles élémentaires et les écoles complémentaires. En conséquence, on délivre aux écoles normales les diplômes élémentaires et supérieurs. Le diplôme modèle est remplacé par l'élémentaire dont le nom est conservé à cause de la nouvelle subdivision du cours primaire. Il faudrait normalement acquérir les deux diplômes successivement, mais le cas sera plutôt rare vu le peu de ressources des parents.

Le 15 mai 1929, on accepte le programme d'études d'une quatrième année d'école normale qui donne droit à un diplôme supplémentaire pour l'enseignement dans les écoles primaires supérieures. En 1936, nouveaux changements : le brevet supérieur devient brevet complémentaire et le brevet supplémentaire, brevet supérieur.

L'année scolaire se divise en trois trimestres ponctués de trois séries d'examens. Cependant l'examen final couvre toute l'année scolaire et comporte une épreuve écrite, une épreuve pratique et une épreuve orale de caractère exclusivement pédagogique. La réussite aux examens permet l'obtention des diplômes. Tous ces détails concernant les examens se retrouvent dans les Règlements des écoles normales et dans les Règlements du Comité catholique. Notons que depuis 1911, il faut avoir 17 ans révolus le 30 décembre pour obtenir un brevet d'enseignement. Cette exigence est maintenue afin que les institutrices ne soient pas trop jeunes. Les élèves brillantes peuvent obtenir une autorisation particulière du surintendant et outrepasser ce règlement, ou profiter de leur jeune âge pour se cultiver davantage.

Les brevets décernés correspondent à quatre catégories possibles : français, anglais, français-anglais et anglais-français. L'élève qui se présente pour un brevet français doit conserver au moins 33% sur l'anglais ; il en est de même pour le français quand il s'agit du diplôme anglais. On retrouve dans la province cinq écoles normales avec section anglaise où les cours se donnent en anglais ; cependant on y étudie le français comme langue seconde[15].

On concéda tout de même quelques privilèges à des écoles normales pendant cette période : ainsi le diplôme décerné aux îles de la Madeleine est valable pour les étudiantes qui fréquentent le Couvent des Sœurs de la Congrégation de Notre-Dame et un permis d'enseignement valable pour trois ans est possible dans les limites du diocèse d'Amos. On tient compte des besoins et on trouve des solutions.

À la fin de cette période (1899-1939), on peut affirmer que le but visé par les évêques est atteint : tous les diocèses sont pourvus d'une ou de plusieurs écoles normales de jeunes filles, dirigées par des prêtres, établies dans des communautés religieuses et groupant un nombre d'élèves assez restreint pour permettre une formation pédagogique suivie, prometteuse de meilleurs résultats dans les écoles du Québec.

Plusieurs circonstances historiques semblent avoir favorisé l'apparition de telles écoles : l'augmentation de la population canadienne-française et surtout le déplacement des ruraux vers les centres de colonisation. Deux institutions ont répondu à la demande urgente d'enseignantes : d'une part, le Bureau central des examinateurs catholiques qui chaque année accordait de nombreux brevets et d'autre part, les écoles normales qui distribuaient plus parcimonieusement des brevets d'enseignement d'après certaines exigences de qualification.

Une poussée d'industrialisation avait engendré un certain progrès économique et permis au gouvernement de subventionner plus de centres de formation de maîtres dont l'un des buts principaux était d'élever le niveau culturel de la population canadienne-française. La guerre de 1914-1918 suivie de la crise économique, mit un frein à la fondation des écoles normales ainsi qu'à leur recrutement dans les milieux moins aisés parce que le salaire minime des institutrices était une entrave à l'orientation des jeunes filles vers la carrière de l'enseignement.

Tout de même l'action conjuguée du clergé, du peuple et des gouvernants permit à vingt-deux écoles normales de jeunes filles d'enrichir le réseau scolaire, de 1899 à 1939. Dans ces écoles normales, deux nouveaux programmes, celui de 1923 et celui de 1938 apparurent comme une heureuse mais lente adaptation aux changements de la société québécoise. Le Département de l'instruction publique mit beaucoup de temps à suivre les innovations suggérées par les meilleurs pédagogues comme si un certain conservatisme eût été de bon aloi. Pourtant, l'on ne peut taire sa décision de supprimer le Bureau central des examinateurs catholiques. Créé en 1898 pour remplacer les vingt-quatre bureaux locaux, le Bureau central avait suppléé à la pénurie des maîtres par le grand nombre de brevets accordés, mais il avait facilité l'entrée dans l'enseignement à des sujets qui manquaient de préparation pédagogique. Cette décision marque en 1939 un deuxième tournant dans l'évolution rapide des écoles normales de filles chargées désormais de la formation professionnelle de la grande majorité des institutrices.

Notes

1. Voir le Tableau VI de l'appendice, p. 221.

2. AVMUQ, Lettre de Sœur Sainte-Aurélie à M. le Secrétaire provincial, janvier 1907, dans les *Annales du Monastère*, tome IV, 1907-1913, p. 700.

3. AVMUQ, Réponse de M. Rodolphe Roy à la Supérieure, 14 janvier 1907, *loc. cit.*, p. 701.

4. AVMUQ, Gustave Grenier, Rapport d'un Comité de l'honorable Conseil exécutif, 18 septembre 1908.

5. AVMUQ, *Annales du Monastère,* tome III, 1894-1907, Séance du conseil, 18 juillet 1906, p. 662-63.

6. AVMUQ, Lettre de Mgr Rouleau à l'honorable Cyrille F. DELÂGE, 25 avril 1928.

7. AVMUQ, Lettre du Surintendant à Mgr Rouleau, 5 mai 1928.

8. AQ, Mère Marie-de-la-Trinité, *Mémoire,* concernant l'École normale de Mérici, 15 mars 1952, dossier 03-09-27, p. 1. L'école normale Laval, section des filles, devint Mérici à l'occasion de la construction.

9. P.-J.-O. CHAUVEAU, « Rapport sur l'Instruction publique dans le Bas-Canada ». dans *RSIP* 1857, p. 4.

10. Mgr ARCHAMBAULT, « L'École normale de jeunes filles à Joliette », dans *Lettres pastorales, Mandements et Circulaires de Mgr J.-A. Archambault*, vol. III, n° 8, p. 162-63.

11. Mgr COURCHESNE, « École normale de Rimouski », dans *RSIP*, 1932-33, p. 190.

12. Voir Tableau VI, Appendice, p. 222.

13. C.-J. MAGNAN, « Rapport de l'Inspecteur général des Écoles normales catholiques de la province de Québec », dans *RSIP*, 1937-38, p. 207.

14. *Ibid.*, 1938-1939, p. 240.

15. Jacques-Cartier (filles), Saint-Hyacinthe, Sherbrooke, Mont-Laurier et Valleyfield, dans *RSIP*, 1928-1929, p. 260.

TROISIÈME PARTIE

Développement accéléré et disparition rapide

6
Plein essor des écoles normales de jeunes filles (1940-1962)

Après l'abolition en 1939, du Bureau central des examinateurs catholiques, les écoles normales de jeunes filles se multiplient à un rythme jusqu'alors inconnu ; dans l'espace de vingt-deux ans, on fonde quarante-huit nouvelles écoles normales plutôt petites, disséminées même dans les régions les plus éloignées de la province[1].

Comment expliquer l'apparition d'un si grand nombre d'écoles normales ? Il semble bien qu'on puisse l'attribuer aux faits suivants :

1. La suppression du Bureau central survient à un moment où la réserve des institutrices qualifiées est encore très insuffisante.
2. Les populations rurales et anglophones souhaitent des éducatrices préparées sur place.
3. Les évêques de certains diocèses encore démunis et les religieuses de communautés enseignantes dépourvues d'écoles normales insistent pour obtenir de nouvelles fondations.
4. Le besoin d'externats-écoles normales se fait jour dans les villes où la population s'accroît rapidement

et les familles, encore nombreuses, sont aux prises avec de multiples problèmes socio-économiques.

Le Québec, en cette période de guerre et d'après-guerre, connaît des mutations rapides surtout dans les domaines démographique et économique. Quant au système scolaire élaboré au siècle précédent, il garde une certaine stabilité tout en accusant un développement nouveau quant à la formation professionnelle. Le nombre des élèves continue à augmenter et le besoin de maîtres qualifiés demeure une préoccupation essentielle de la société.

Dans les écoles normales apparaît en 1953, un nouveau programme qui entraînera de multiples changements dans l'organisation de ces écoles.

LE QUÉBEC DE 1940 À 1962

Le début de la Deuxième Guerre mondiale marque l'avènement d'une ère nouvelle dans l'économie de la province de Québec. Première richesse du peuple québécois, le capital humain continue à croître bien que son émigration soit assez forte. De 1941 à 1961, l'augmentation de la population s'élève à 1 927 329 alors que l'accroissement naturel et l'immigration réunissent 2 133 077 ; 205 748 personnes ont donc quitté la province[2]. Il est à remarquer que pendant ce laps de temps, la guerre entraîna des Québécois en dehors du pays ; de ce nombre, plusieurs ont donné leur vie outre-frontières et d'autres ne sont pas revenus pour des raisons personnelles.

Quoi qu'il en soit, le mouvement des campagnes vers les villes paraît être le phénomène démographique le plus important. En 1960, d'après Louis-Philippe Audet, « sur quatre fils de cultivateurs, un seul reste à la ferme, les autres s'en vont vers les industries et vers la ville[3] ». Bien que la population rurale ait sensiblement augmenté depuis 1941, passant de 1 222 198 à 1 352 807, c'est la population urbaine qui l'emporte avec une augmentation de 1 796 720, c'est-à-dire plus de treize fois l'augmentation de la population dans les campagnes.

Durant la guerre, la multiplication des entreprises entraîne les ruraux et les artisans à faire l'expérience de la vie en usine et, partant, de la vie urbaine. On sait que l'expansion économique de l'après-guerre a favorisé l'exploitation des ressources naturelles et le développement des industries. Patrick Allen trace un tableau de la nouvelle société québécoise : d'une façon globale, les industries primaires régressent — tout particulièrement l'agriculture — et les industries secondaires se maintiennent tandis que les industries tertiaires se multiplient. L'urbanisation s'accentue ; en 1857, l'agriculture qui constituait la principale source de revenus fournissait, un siècle plus tard, à peine « 6,3 pour cent de la production industrielle dans le Québec [...] devenu une des provinces du pays où l'agriculture compte le moins par rapport à l'ensemble de la production[4] ».

Pourtant la période de 1939 à 1962 est marquée durant quinze ans (1944-1959) par l'action d'un gouvernement national ayant à sa tête Maurice Duplessis. Sous son administration, on connaît l'électrification rurale, l'institution du crédit agricole, la mise sur pied d'un office de drainage et d'amélioration des fermes. Des subventions spéciales sont même accordées aux écoles d'agriculture. Tous ces efforts ne peuvent enrayer le déclin de l'agriculture.

De son côté, l'industrialisation se poursuit au rythme du développement des ressources naturelles. D'après

A. Raynauld, le taux de croissance de la production industrielle a été très rapide depuis 1935. Dans l'ensemble du Canada, le Québec n'est dépassé que par l'Alberta et la Colombie. Les secteurs de production les plus progressifs sont l'industrie des mines, des forêts, de la construction et des produits manufacturés.

Engagé dans une rapide évolution économique, le Québec s'industrialise et s'urbanise, pendant que l'organisation scolaire est peu touchée si ce n'est au point de vue de la formation professionnelle.

LA STABILITÉ DU SYSTÈME SCOLAIRE

De nombreuses lois scolaires sont votées de 1940 à 1962, mais celle de la fréquentation scolaire obligatoire apparaît comme la plus importante si l'on tient compte du temps pendant lequel elle a retenu l'attention du public.

De 1881 à 1943, les journaux de l'époque engagent de violentes polémiques ; on présente des projets de loi qui sont aussitôt rejetés, mais la lutte continue toujours. Rappelons d'abord le nom de Tancrède Boucher de Grosbois dont le projet de loi proposé en 1901 pour assurer une meilleure assistance aux écoles publiques échoue, et ensuite celui de Théodore-Damien Bouchard qui en 1912, par un discours au Club de Réforme de Québec, contribue éloquemment au progrès de la question. Certaines influences sont déterminantes : d'une part, en 1929, l'encyclique de Pie XI, *Divini illius Magistri*, qui souligne le rôle supplétif de l'État en matière d'éducation et, d'autre part, la commission de coordination du Comité catholique qui accepte en 1942, le principe de la scolarité obligatoire[5]. Dès 1943, le gouvernement est en mesure de voter la loi. On ne peut affirmer que cette loi ait eu des effets mémorables sur le nombre des enfants qui fréquentèrent l'école depuis ce moment, car la montée des effectifs reste à peu près proportionnelle à l'augmentation de la population[6], sauf pendant les années de guerre où la suppléance des fils de cultivateurs engagés dans l'armée revient aux adolescents qui abandonnent leurs études pour les travaux de la ferme.

Les années de guerre exceptées, l'enseignement connaît un progrès rapide durant cette période : le nombre des institutrices a doublé, de même celui des élèves. Il faut pourtant souligner qu'à partir de 1954, la diminution du nombre des écoles primaires s'expliquant par la centralisation des écoles de rang dans les villages, l'effectif des institutrices n'est pas affecté. On peut affirmer qu'en 1962, tous les enfants du Québec peuvent fréquenter une école du secteur public ou du secteur privé. Les collèges classiques et les écoles publiques offrent le niveau secondaire qui semble répondre assez bien à une clientèle parfois si sélective qu'il y aurait place pour une démocratisation plus grande de l'enseignement. Cet aspect de la fréquentation scolaire fera l'objet de la révolution tranquille amorcée dans les années 60.

L'enseignement professionnel pour lequel plusieurs ministères collaborent activement fut peut-être le domaine privilégié de cette période. À partir de 1937, une entente fédérale-provinciale apporte l'aide du gouvernement central aux écoles techniques et aux écoles d'arts et métiers ; treize nouvelles écoles font ainsi leur apparition. La participation du Québec à la Deuxième Guerre mondiale provoque aussi, entre 1940 et 1944, l'éclosion de trente et une écoles professionnelles. On offre aux jeunes filles les écoles d'enseignement ménager et, grâce à l'initiative de l'abbé A. Tessier, près de cinquante maisons dispensent, en 1959, l'éducation ménagère familiale. La formation des infirmières demeure la responsabilité des écoles d'infirmières rattachées aux hôpitaux et aux universités. Avec les autres écoles professionnelles du secteur privé, en particulier les collèges commerciaux, le réseau du professionnel est presque complet. Comme aux périodes précédentes, la formation professionnelle des enseignants est réservée en grande partie aux écoles normales de jeunes filles et de jeunes gens.

MULTIPLICATION DES ÉCOLES NORMALES DE JEUNES FILLES

Rappelons les facteurs qui sont apparus prédominants dans l'établissement des écoles normales de jeunes filles durant cette période : l'abolition du Bureau central, les besoins particuliers des régions rurales, urbaines et anglophones, l'action de l'Église exprimée par le rôle des évêques et celui des communautés enseignantes.

Fondations dues à la suppression du Bureau central

Après la suppression du Bureau central en 1939, plusieurs milieux sont pris d'une sorte de panique devant la pénurie des institutrices diplômées. La région du Témiscamingue attire d'abord l'attention du sous-comité des écoles normales.

École normale de Chapeau. — Un groupe assez important d'Anglophones des comtés de Pontiac, Labelle, Témiscamingue, Abitibi, etc., sont dispersés dans une vaste région où un grand nombre d'écoles sont bilingues et il serait important de les confier à des institutrices bien qualifiées dans les deux langues. Or le milieu n'offre aucun organisme qui puisse décerner des brevets d'enseignement[7].

Dès l'annonce de l'établissement d'une école normale dans Pontiac, des groupes intéressés entreprennent des
démarches auprès du Département de l'instruction publique pour l'obtenir soit à Campbell's Bay, soit à Fort Coulonge. On désigne Chapeau comme site de la nouvelle
école normale bilingue et la communauté des Sœurs de
Saint-Joseph en prend la direction au début de septembre
1940.

École normale de Havre-Saint-Pierre. — Par suite de
la disparition du Bureau central, plusieurs écoles sont en
souffrance dans le victariat apostolique du Golfe-Saint-
Laurent. Monseigneur Napoléon-Alexandre LaBrie imite
la tactique utilisée quelques années auparavant par la supérieure de la Congrégation de Notre-Dame au couvent
de Havre-aux-Maisons. Il propose au Comité catholique
qu'un cours normal soit offert au couvent de Havre-Saint-
Pierre et que les examens soient sanctionnés « par des
brevets de capacité valides dans les limites territoriales du
vicariat apostolique du Golfe-Saint-Laurent[8] ». Le Comité accède à sa demande, mais l'expérience d'« une année
de contacts au Comité catholique, de réflexion, de com-
paraison avec les autres régions nous permit, dit Mgr La-
Brie, de mesurer l'humiliation intolérable d'une telle res-
triction[9] ». En septembre 1940, le gouvernement se rend
au désir de l'évêque et accorde une véritable école normale.

École normale de Lévis. — Les Sœurs de la Charité possèdent à Lévis, le couvent Notre-Dame-de-Toutes-
Grâces où chaque année plusieurs candidates se présentent aux examens du Bureau central. Après la suppression du Bureau, la carrière de l'enseignement attire encore des jeunes filles du milieu. D'une part, l'école normale
de Mérici à Québec est dans l'impossibilité d'admettre

toutes les requérantes et, d'autre part, les écoles normales de Beauceville et de Chicoutimi sont assez éloignées pour contraindre plusieurs élèves de familles pauvres à renoncer à leurs études. Est-ce que les religieuses qui, jusqu'à cette époque, avaient préparé des institutrices pour la région ne pourraient pas continuer leur œuvre dans une école normale créée à même leur pensionnat ? Les localités voisines et les campagnes de la rive sud seraient sûrement accommodées par une école normale à Lévis, centre d'accès facile pour les comtés de Bellechasse (17 paroisses), de Dorchester (21 paroisses), de Lotbinière (22 paroisses) et de Montmagny (14 paroisses). Toutes ces paroisses ajoutées au noyau de Lévis qui comprend Notre-Dame, Bienville, Lauzon, Christ-Roi, Sainte-Jeanne d'Arc, Saint-David, Saint-Romuald et quelques autres paroisses, représentent un milieu social suffisant pour justifier une nouvelle école normale de jeunes filles. Aussi en décembre 1940, les membres du Comité catholique reconnaissent Lévis comme l'endroit le mieux choisi pour la nouvelle école.

École normale de Chicoutimi. — L'inspecteur Clovis Aubé du district n° 33 brosse en juin 1945 la situation de l'école primaire dans la région du nord-est du Lac-Saint-Jean. Vingt et une municipalités scolaires et quatre cantons qui comptent 154 écoles divisées en 245 classes sont affectés par le manque d'institutrices diplômées. Dans dix-huit municipalités et deux cantons, le personnel enseignant se répartit comme suit : 64 institutrices diplômées, 72 non diplômées et 10 classes fermées faute de personnel enseignant. Du même district, 35 filles seulement étudient aux écoles normales de Chicoutimi et de Roberval.

L'inspecteur Aubé après avoir recherché la cause de cette carence l'attribue à la disparition du Bureau central à un moment où la réserve des titulaires qualifiées était nettement insuffisante. En effet, les diplômées de chaque année ne peuvent répondre à l'ouverture de nouvelles classes et compenser les départs d'un certain nombre d'enseignantes puisque la carrière d'institutrice rurale dure en moyenne six ans. Il faudrait donc pour cet immense territoire qui comprend dix-huit districts d'inspection, 683 écoles et 1416 classes, au moins 235 diplômées chaque année ; en 1945-1946, il y en eut 71 à Chicoutimi et 70 à Roberval.

De plus, les élèves qui demeurent dans les « rangs » sont privés, chaque année, de plusieurs semaines de classe : au 15 septembre 1945, 42 classes étaient encore fermées ; et 22 au 1er octobre de la même année ; au 15 octobre, 18 classes et au 1er novembre, encore 12 classes. Quoi d'étonnant à la décision des commissaires puisque les enfants reçoivent une instruction médiocre, une éducation à peu près nulle et sortent de l'école à 13 ou 14 ans dépourvus des connaissances nécessaires à leur âge et à leur temps. C'est pourquoi, d'un peu partout dans la région du nord-est, des demandes sont adressées au surintendant pour obtenir une école normale à Mistassini, village situé au milieu de la région défavorisée.

Mgr Georges Mélançon voit aussi les immenses besoins de son vaste diocèse et écrit à M. Labarre en janvier 1947 :

> Si vous consultez les statistiques relatives aux Écoles normales, vous verrez que les nôtres sont plus remplies : Chicoutimi, 213 élèves, Roberval, 131 et Baie-Saint-Paul, 129 ; et au témoignage des professeurs, ce surpeuplement ne peut que nuire à l'efficacité. Bien que l'an dernier, il nous soit sorti 199 diplômées de ces trois écoles, ce qui est un record pour la province, ce nombre n'est pas suffisant pour affronter les nécessités toujours grandissantes d'un diocèse aux proportions de trois[10].

Comme la population est concentrée aux alentours de Chicoutimi, Mgr Mélançon juge, avec les autres membres du Comité catholique, qu'une deuxième école normale serait plus utile à Chicoutimi qu'à Mistassini ; les Sœurs de Notre-Dame du Bon-Conseil en seraient les responsables. Comme ces éducatrices enseignent dans plusieurs paroisses du Nord, elles peuvent plus facilement drainer la clientèle vers leur école normale. La décision est prise le 18 septembre 1947 d'établir une deuxième école normale à Chicoutimi.

École normale de Victoriaville. — Une correspondance engagée en 1937, entre l'évêque de Nicolet, Mgr J.-S. Hermann Bruneault, le député Gagné et le secrétaire provincial, explique la raison principale qui nécessite la fondation d'une école normale dans cette région des Bois-Francs :

> [...] la population du comté d'Arthabaska et des alentours, habituée à se rendre à Victoriaville, centre des activités et des relations commerciales du Comté, où les jeunes filles ont trouvé jusqu'à présent la préparation aux brevets d'enseignement, désire avoir, au même endroit, une École normale qui lui continue les privilèges dont elle a joui jusqu'ici[11].

Huit ans plus tard, les dames de la Fédération des Cercles de fermières présentent une requête au surintendant dans le même but. Mgr Martin intervient au Comité catholique à la séance du 29 avril 1954 pour enfin obtenir l'école normale tant désirée.

L'exposé du problème de quelques régions peut illustrer la situation dans laquelle se trouve le Québec après la suppression du Bureau central des examinateurs catholiques : manque d'institutrices qualifiées, impossibilité pour les écoles normales déjà existantes de fournir un nombre suffisant de diplômées. De plus, les parents désiraient confier leurs filles aux religieuses d'un couvent où se préparaient depuis longtemps des brevets d'enseignement. La solution paraissait être la multiplication des écoles normales adaptées aux différents milieux de la société québécoise.

Fondations demandées
par les milieux ruraux et anglophones

L'immensité du pays et la dispersion de la population expliqueraient en partie le grand nombre d'écoles normales consacrées aux jeunes filles du Québec et leurs caractéristiques, dans les structures comme dans les dimensions. Il est intéressant de noter que le besoin se fait sentir dans les milieux ruraux excentriques et souvent privés de personnel enseignant qualifié.

Besoins des régions rurales

Région de Gaspé. — Pendant la décennie 1940, la région de Gaspé-Nord, isolée de l'école normale de Gaspé à cause des difficultés de transport, constitue un grave problème pour les commissaires des municipalités concernées. Les commissaires de Sainte-Anne-des-Monts l'expriment ainsi :

> Sur ce parcours [de 150 milles], il n'y a aucun moyen pratique de communication [...] ; l'éloignement, les difficultés de transport et le manque de moyens financiers des contribuables sont la cause qu'un grand nombre de talents se perdent chaque année, et que l'instruction en souffre énormément dans notre région[12].

Mgr Ross, l'apôtre de la pédagogie au Québec, encourage les Sœurs de Saint-Paul-de-Chartres à offrir leur collaboration. Sa mort survient juste au moment où l'action du Département devient nécessaire dans le processus d'obtention d'une école normale. Aussi le 24 juillet 1945, la supérieure se réfère au surintendant qui peut en hâter les procédures. Le moyen est efficace puisque le greffier du Conseil exécutif confirme l'établissement d'un cours de formation pédagogique à Sainte-Anne-des-Monts, le 17 août de la même année. Comme des conditions bien spéciales sont imposées aux Sœurs de Saint-Paul-de-Chartres, Sœur Marie-Valérie, le 3 avril 1946, adresse au Département une demande de contrat régulier pour son école et en informe également l'évêque de Rimouski afin d'obtenir son intervention à la prochaine réunion du Comité catholique. Des statistiques démontrent que la situation scolaire n'est pas rose à Gaspé-Nord : durant l'année scolaire 1945-46, 60 p. 100 des titulaires des petites écoles ne sont pas diplômées et 40 p. 100 des élèves échouent au certificat de 7e année[13].

C'est alors que le nouvel évêque de Gaspé, Mgr Albini Leblanc prend l'affaire en main. N'y a-t-il pas au couvent de *Sainte-Anne-des-Monts* plus de quarante jeunes filles qui suivent actuellement un cours de formation pédagogique, conformément à une décision du Comité catholique, approuvée par le lieutenant-gouverneur en conseil. L'autorisation est accordée et une partie du pensionnat est affectée à une école normale le 21 novembre 1946.

Le diocèse de Gaspé, à cause de son étendue et de sa faible population, présente un autre problème sérieux au point de vue formation de ses institutrices. Bien que l'école normale de Gaspé soit établie depuis 1924, elle est fréquentée par un tout petit nombre d'élèves au moment où la demande d'*une école normale à Carleton* parvient au Comité catholique, en 1940. Comme pour Rimouski, le surintendant répond : « Le Gouvernement n'est pas favorable au maintien de plus d'une école normale par diocèse[14] ». Les membres de la Société L'Assomption reviennent à la charge l'année suivante, avec des arguments plus sérieux : le Bureau central n'accorde plus de diplômes, la pénurie d'institutrices compétentes augmente chaque année, le comté de Bonaventure est éloigné des écoles normales et les parents sont incapables d'y envoyer leurs jeunes filles. Les Sœurs de la Charité de Carleton pourraient éventuellement former des institutrices.

La réponse du surintendant est de nouveau négative tout en comportant un projet à court terme : l'octroi aux jeunes filles de bourses d'études et d'une indemnité de transport. La population de Carleton continue à multiplier ses pétitions et obtient, le 6 mai 1946, l'établissement d'une école normale dans le comté de Bonaventure. À la session de l'automne du Comité catholique, Mgr. A. Leblanc croit qu'il est temps de prendre une décision et propose Carleton comme site de la future école normale. En septembre 1947, l'école accueille ses premières élèves.

Région de Rimouski. — Dans le diocèse de Rimouski, la population augmente d'année en année et les institutrices abandonnent pour se marier ou entrer en religion. « Le diocèse compte 492 institutrices « de rang » qui se renouvellent dans la proportion de 15% à 20% par année[15] ». L'école normale est alors incapable de répondre aux besoins nouveaux et de remplacer toutes les institutrices qui abandonnent leur profession. De plus, la population « augmente par elle seule de 3000 par année, [...] Il [le diocèse] a 34 000 enfants d'âge scolaire. Il a 750 écoles rurales à pourvoir[16] ». Presque toutes les paroisses sont agricoles, il faudrait donc une école normale rurale, ainsi la future institutrice ne serait pas déracinée et pourrait entreprendre une carrière dans son patelin.

Entre temps, de nombreuses requêtes parviennent au Département de l'instruction publique de la part des conseils municipaux de Matane, de l'Amicale des anciennes du couvent du Bon-Pasteur, de la Chambre de commerce et d'un grand nombre de cultivateurs des municipalités et paroisses. Le surintendant s'en réfère à l'évêque de Rimouski dans une lettre du 16 janvier 1940 : « Veuillez donc me dire, Excellence, si vous croyez opportun que les dites requêtes soient soumises au Comité catholique lors de sa réunion du 31 du mois courant ? » Mgr Courchesne connaît les démarches entreprises du côté de Matane, mais avant de se prononcer, il préfère attendre les observations de l'inspecteur des écoles normales. Tout de même, le choix de Matane laisse à désirer car l'évêque de Gaspé n'aime pas les luttes de recrutement d'un diocèse à l'autre. De son côté, l'évêque de Rimouski est d'avis que le Comité catholique doit en être informé dans les plus brefs délais puisque les besoins sont urgents et que la création d'une telle école ne peut former avant trois ans des institutrices diplômées. Les délibérations du Comité catholique aboutissent à la proposition de Mgr Courchesne : « qu'une école normale féminine soit créée dans le diocèse de Rimouski et confiée aux Sœurs du Saint-Rosaire[17]. »

Pour que la recommandation du Comité catholique soit effective, le secrétaire de la Province doit obtenir la sanction du lieutenant-gouverneur en conseil. Or, M. Henri Groulx ne croit pas opportun d'appuyer la demande, non seulement à cause de l'état des finances, mais surtout parce qu'une seconde école normale serait ainsi créée dans le diocèse de Rimouski. Mgr Courchesne se hâte d'apporter, par l'intermédiaire de M. le Surintendant, une réponse à M. Groulx : « je dois faire remarquer qu'il y a trois écoles dans le diocèse de Chicoutimi : Roberval,

Chicoutimi et Baie-Saint-Paul. Le diocèse de Rimouski a la même population[18]. »

Cet argument porte fruit car le greffier du Conseil exécutif présente un rapport indiquant la création d'une *école normale à Sainte-Rose-du-Dégelis*. Une communication de l'évêque de Rimouski, à la séance du 8 mai 1940 du Comité catholique précise que l'école normale sera organisée en deux sections pour servir plus efficacement le milieu rural : « Une première section de l'École normale du Saint-Rosaire s'ouvrira en septembre 1940 à Sainte-Rose (Témiscouata). La seconde s'ouvrira plus tard à Mont-Joli[19]. » Chaque section nouvelle doit « recevoir quatre classes de quinze élèves chacune afin que les deux sections réunies présentent la même population d'élèves-maîtresses que l'École normale de Rimouski[20] ». Le Tableau qui suit illustre comment les paroisses du diocèse ont été accommodées par les trois écoles.

ÉCOLES NORMALES DE FILLES, DIOCÈSE DE RIMOUSKI[21]

Comtés	Nombre de paroisses	Écoles normales
Rimouski	23	Rimouski
Rivière-du-Loup	18	Rimouski
Témiscouata	19	Sainte-Rose-du-Dégelis
Matapédia	20	Mont-Joli et Sainte-Rose-du-Dégelis
Matane	19	Mont-Joli en partie
Bonaventure	10	Mont-Joli

La section de Mont-Joli ouvre deux ans plus tard, soit le 3 septembre 1942. Pour l'évêque de Rimouski, la solution de plusieurs petites écoles normales semble répondre à des besoins du milieu : « pour la formation individuelle des sujets et pour qu'il n'y ait pas de grandes machines à mettre sur pied et pour utiliser les maisons existantes, sans plus[22] ».

En dix-sept ans, le diocèse est passé de 113 à 154 mille habitants. La crise de 1929 avait provoqué un mouvement de colonisation qui avait réussi à garder une grande partie du surplus de la population. L'évêque croit que pour assurer aux régions défavorisées des institutrices qualifiées, il faut aller chercher les élèves des écoles normales dans ces régions ; diplômées, les jeunes filles retourneraient dans leurs paroisses.

De leur côté, les autorités de la ville de Matane insistent sur l'aspect rural de la formation souhaitée dans la future école normale qui pourrait être établie au Couvent des Sœurs du Bon-Pasteur :

> Attendu qu'un programme d'École normale rurale assurerait à nos jeunes filles de la campagne une formation qui les attacherait au sol ; ce que nos Écoles urbaines ne peuvent réaliser malgré le développement reconnu de nos éducateurs pour la ruralisation de l'enseignement[23].

Le projet d'une école normale à Matane tarde à se réaliser. En 1941, la Chambre de Commerce revient à la charge en affirmant que les conditions de l'enseignement primaire ne se sont pas améliorées dans la région, que la population rurale est loin d'avoir reçu une instruction qui lui permette de se développer économiquement et que cette infériorité est due à l'incompétence des institutrices.

La situation s'aggrave. En 1944, le secrétaire de la Commission scolaire de Saint-Jérôme-de-Matane informe le surintendant que leur municipalité « se voit dans l'obligation d'engager des institutrices non diplômées dans une proportion de 50% et que cette proportion est plus forte dans les paroisses avoisinantes[24] ».

Les lenteurs du gouvernement faillirent causer un échec aux demandes de la population. Le 12 août 1947, la supérieure provinciale des Sœurs du Bon-Pasteur écrit à la supérieure générale son impossibilité d'accepter la cœxistence d'une école normale et d'une école ménagère au couvent de Matane. Après un délai accordé par l'évêque, on décide de maintenir l'école ménagère et de permettre à l'école normale l'accès des nombreuses salles libérées par la municipalité de Matane qui construit un collège. L'école normale débute en 1948, comme l'avait prévu le Comité catholique.

Matane et Amqui sont toutes deux à égale distance de Rimouski quoique orientées différemment. Alors que Matane a son école normale, on dit que « Amqui serait l'endroit le mieux choisi du fait que presque toutes les paroisses de la vallée sont situées à proximité et forment comme une ceinture de plus de 15 000 milles de population dans un rayon de douze milles de distance[25] ». D'Amqui comme de Matane, les requêtes sont acheminées au Département de l'instruction publique. La population du comté de Matapédia insiste sur la pénurie des institutrices ; en 1944, il en manque une quarantaine. Depuis près de deux ans, c'est-à-dire depuis la suppression du Bureau central, le besoin d'une école normale se fait sentir dans cette population composée surtout de cultivateurs, de colons et de journaliers. Les membres de la Chambre de commerce soulignent la présence d'enseignantes non diplômées, « sur 127 institutrices enseignant dans la région, 55 enseignent sans être diplômées[26] ».

Au début, le gouvernement donne une réponse négative aux demandes justifiées de la population à cause de l'école normale de Mont-Joli. Enfin le 17 juillet 1947, l'autorisation est accordée et les travaux commencent aussitôt de telle sorte que les élèves peuvent entreprendre l'année académique à la date prévue.

Région du Bas-du-Fleuve. — Dans le Bas-du-Fleuve, un autre milieu rural souhaite des éducatrices formées chez lui ; il s'agit de Saint-Damien de Bellechasse. La mentalité des ruraux est bien différente de celle des citadins ; les jeunes filles qui poursuivent des études pédagogiques en dehors de leur région sont souvent tentées de gagner la ville où les conditions de vie apparaissent plus faciles. C'est pourquoi, une congrégation religieuse, à la fois rurale et paroissiale désire collaborer à cette œuvre si nécessaire de la formation des institutrices pour les comtés de Bellechasse, Dorchester, Montmagny et L'Islet. Elle peut affirmer par la voix de la supérieure : « nous nous sommes appliquées à donner aux enfants, avec l'instruction religieuse et une bonne éducation, le goût de l'agriculture et de la vie à la campagne[27]. »

À son tour, l'inspecteur des écoles de cette région insiste auprès du surintendant pour obtenir une école normale rurale :

> [...] je me rends compte tous les jours qu'il manque quelque chose à cette région pour qu'elle soit réellement prospère : une école normale. [...]
> Les écoles normales déjà existantes ne connaissent pas la véritable mentalité de notre population et ne peuvent, par conséquent, donner aux futures institutrices la formation qui contribuerait au développement intellectuel des

nôtres sans pour cela changer leur manière de vivre. [. . .][28]

Le déroulement des démarches illustre bien l'aptitude du Comité catholique à répondre aux besoins d'un milieu donné. À la séance du 25 septembre 1940, Son Éminence le cardinal Villeneuve pose les questions suivantes :

> Nos écoles normales préparent-elles des institutrices en nombre suffisant pour remplir les vacances qui se produisent chaque année ?
>
> Ces institutions préparent-elles des institutrices bien qualifiées pour le milieu où celles-ci doivent enseigner[29] ?

Il faut d'une part, prévoir la disparition du surplus d'institutrices laissé par le Bureau central et, d'autre part, fournir aux milieux ruraux le personnel enseignant adapté à leur mentalité : ce qui amène le cardinal à proposer pour Saint-Damien une école normale à caractère rural. De leur côté, les religieuses obtiennent du Département de l'instruction publique le privilège d'accorder à deux élèves laïques qui fréquentent le scolasticat des religieuses un diplôme élémentaire après qu'elles aient complété, au préalable, deux années d'études à l'école ménagère de cette paroisse. L'inspecteur des écoles normales, sur recommandation de l'abbé Albert Tessier, visiteur des écoles ménagères, propose que l'admission à une école normale soit possible après la douzième année de l'école ménagère parce que ce cours « est bien ordonné et n'est complet qu'après trois ans[30] ».

À la séance du 11 décembre 1940, une école normale d'un caractère spécial est accordée à Saint-Damien de Bellechasse : les élèves y seront admises après une 3e année du cours ménager et recevront un brevet complémentaire après une année de formation pédagogique. Malheureusement, cette préparation apparaît trop longue aux cultivateurs de cette région agricole. Enfin, le gouvernement accède à la demande du milieu, rescinde le règlement spécial et accorde à Saint-Damien en mai 1941, une école normale conforme aux exigences ordinaires

De Bellechasse passons à L'Islet, un autre comté rural où un village semble avoir attiré l'attention à cause de sa situation géographique et des possibilités matérielles qui s'y rencontrent. En effet, L'Islet est situé sur le chemin du bord du fleuve à proximité de la route régionale qui va de Saint-Eugène à Lac-Frontière.

Le projet datait de loin puisque dès 1924 les curés du comté de L'Islet avaient demandé une école normale

> [...] considérant la nécessité de fournir à nos écoles paroissiales des institutrices compétentes dans l'enseignement primaire, considérant aussi le grand nombre de jeunes filles dans nos familles nombreuses, mais peu fortunées, qui pourraient se dévouer à cette noble tâche si les moyens leur étaient fournis de faire les études nécessaires[31].

Au mois de novembre 1943, c'est encore un curé de la région, M. Joseph Hudon de Sainte-Perpétue, qui invite la supérieure générale des Sœurs du Bon-Pasteur à reprendre les pourparlers avec le Département de l'instruction publique. L'idée fait son chemin pendant que plusieurs commissions scolaires doivent encore recourir aux services de jeunes non diplômées. Il faut donc remédier à cette pénible situation le plus tôt possible. Un heureux concours de circonstances permettra à l'abbé Crépault de L'Islet de sensibiliser le député de ce comté, l'honorable Adélard Godbout, premier ministre de la Province, qui en référera au secrétaire du Comité catholique. L'école normale est enfin accordée en mai 1944.

Les difficultés sont loin d'être résolues. Une lutte s'engage entre les partisans du village Bonsecours et ceux de L'Islet-Station. La supérieure provinciale des Sœurs du Bon-Pateur écrit le 5 juillet : « nous avons trouvé un endroit magnifique, à mi-chemin entre l'église et la station[32]. » Ainsi, les rivalités peuvent être apaisées et la construction commencer.

Région de l'Outaouais. — En 1940, le Département de l'instruction publique avait désigné Chapeau parmi trois autres centres comme site de l'école normale du comté de Pontiac. La première démarche pour obtenir une école normale à Fort-Coulonge date en effet de 1939 :

> Fort-Coulonge est pratiquement le centre géographique du comté, au confluent des rivières Coulonge et Ottawa, avec toutes les facilités de communications par route No 8 et chemin de fer.
> [...] c'est le centre le plus populeux du comté avec environ 90% catholique dont 80% canadien-français[33].

Quelques mois plus tard, les commissaires de l'école Saint-Pierre s'adressent dans le même sens à l'honorable Victor Doré. La question est définitivement réglée en 1955, au moment où le gouvernement accorde, à la population catholique et française, une école normale à Fort-Coulonge.

Région du Lac-Saint-Jean. — La région au nord du Lac-Saint-Jean demeure dans une situation critique. Il suffit de se rappeler les chiffres donnés par l'inspecteur Aubé dans sa demande d'une école normale à Mistassini. Mgr Georges Mélançon revient sur la question à la séance du 2 septembre 1948 du Comité catholique et il affirme

> que les jeunes filles étrangères à la région n'acceptent pas facilement d'aller enseigner dans ces paroisses éloi-

gnées et que, pour ces raisons, depuis plusieurs années, on manque d'institutrices qualifiées. Le seul remède, à son avis, est de former à l'enseignement des jeunes filles de la région[34].

Mgr Mélançon soumet à la sous-commission des écoles normales un rapport très élaboré de la situation et après délibération, la sous-commission recommande la création d'une école normale à Dolbeau. De 1950 à 1956, on reçoit les normaliennes dans les classes de l'école Sainte-Thérèse-d'Avila dont les locaux appartiennent à la Commission scolaire de Dolbeau. À cause de l'exiguïté des locaux on accepte peu d'élèves. Après beaucoup de démarches et de pourparlers, la Saint-Lawrence Corporation Limited cède un terrain ; la construction commence et dès septembre 1956, on reçoit soixante-dix pensionnaires à l'école normale. Dès lors la jeunesse du nord du Lac-Saint-Jean partage les mêmes privilèges accordés aux autres régions de la province.

Région du Golfe-Saint-Laurent. — Une seule école normale sur la Côte Nord ne peut former les institutrices nécessaires aux paroisses rurales de la Côte. Selon Mgr LaBrie, le région de Tadoussac à Sept-Iles aurait besoin d'une école normale, car les écoles normales de la Côte Sud, de même que celle de Baie-Saint-Paul sont déjà remplies.

Septembre 1949 voit l'établissement d'une deuxième école normale à l'académie Sainte-Aurélie de Baie-Comeau. Pendant huit ans, la cohabitation est possible mais en juin 1957, il faut songer à une autre solution, vu le nombre croissant des élèves. « Le Comité des École invite la Direction de l'école normale à quitter les locaux occupés par les normaliennes[35]. » La situation devient si difficile que plusieurs élèves se trouvent dans des conditions peu favorables aux études.

Il faut donc quitter l'académie ; les normaliennes sont reçues à l'évêché de Hauterive où Mgr Couturier assume les fonctions de principal. Grâce à une subvention gouvernementale, une nouvelle construction abrite les normaliennes en septembre 1961. Les efforts de l'Église reçoivent une fois de plus l'appui du gouvernement pour subvenir aux besoins scolaires d'une région éloignée et particulièrement défavorisée.

On peut affirmer que dans la plupart des milieux ruraux le personnel enseignant féminin reçoit sur place sa formation ; de même, dans les milieux anglophones où la condescendance du gouvernement alla même jusqu'à établir des succursales de la première école normale de langue anglaise de Montréal.

Besoins des milieux anglophones

Dès le début, cinq écoles normales de jeunes filles avaient ouvert leurs portes à des sections de langue anglaise qui semblaient répondre aux besoins de la formation des institutrices anglophones. Mais un grave problème éclate à l'école normale bilingue de Chapeau, dans Pontiac, où les familles francophones craignent « l'anglicisation » des élèves canadiennes-françaises. Le principal croit que les religieuses de Saint-Joseph ne peuvent fournir un personnel vraiment bilingue. C'est alors que parvient à la séance du 22 septembre 1954 du Comité catholique une plainte formulée par la commission des écoles normales : « L'organisation administrative de l'institution n'a pas donné satisfaction jusqu'ici en raison des fréquents conflits d'opinion sur le terrain administratif et le terrain pédagogique[36]. » Mgr Pelletier, président de la commission des écoles normales, est chargé de rencontrer l'évêque de Pembroke pour trouver la meilleure solution. Entre-temps, cette Commission reprend l'étude de la question et recommande « que la Congrégation ayant la direction de l'école normale de Chapeau soit avisée immédiatement que son contrat sera résilié à compter du 1er juillet 1955[37] ». Et la commission prie le surintendant d'entrer en négociation avec une autre congrégation enseignante « pour qu'une nouvelle école normale bilingue soit ouverte dès septembre prochain, dans un autre endroit du comté de Pontiac[38] ». Le 13 janvier, Mgr William Smith propose :

(1) Let the English Normal School remain at Chapeau with the Sisters of St. Joseph [...]

(2) Let a French Normal School be built at Fort Coulonge [...] which would facilitate the Normal School training of French students in the County of Pontiac. This could be staffed by the Grey Nuns of the Cross.[39]

On acquiesce à la suggestion et la paix revient à l'école normale anglaise de Chapeau.

St. Joseph College. — La formation des maîtres de langue anglaise soulève un problème : si, d'une part, on a besoin de maîtres compétents pour les écoles catholiques de langue anglaise, d'autre part, il faut assurer l'équivalence des diplômes des anglophones. En 1939, l'école normale Jacques-Cartier organise une section de langue anglaise pour les garçons et de leur côté les communautés féminines aident les jeunes filles à poursuivre leur formation. C'est insuffisant ; on désire une école normale de langue anglaise, accessible tant aux laïques qu'aux religieux, aux femmes qu'aux hommes.

À la demande de Mgr Joseph Charbonneau, le Comité catholique approuve un projet dont l'échéance pourrait être 1946 mais qui ne connut pas cet heureux lendemain. Vers 1950, à cause de la pénurie de maîtres anglophones un appel est lancé en Irlande et en Écosse ; vingt-cinq enseignants y répondent et apportent leur coopération. C'est en 1953 que des membres influents dans le domaine de l'éducation : le cardinat Léger, le surintendant Desaulniers, l'inspecteur des écoles normales et Mgr Lussier soutiennent l'idée d'une école normale de langue anglaise. Le chanoine Carter, directeur de la section de langue anglaise de Jacques-Cartier, suggère à la session de septembre 1954 la fondation d'une nouvelle école normale qui soit un externat et qui recevrait les élèves de langue anglaise tant religieux que laïques. Le problème de la mixité laisse perplexe le Comité catholique qui remet l'étude de la question en février afin que l'archevêque de Montréal ait le temps d'émettre son opinion. La réponse affirmative du cardinal Léger permet à la Commission de recommander le projet à la séance de février 1955. À la suite de l'arrêté ministériel de juin 1955, le révérend Carter écrit :

> [...] The tradition of not refusing the recommendations of the Catholic Committee, the confidence placed by the premier in the superintendent and, last but not least, the premier's own expressed pride in the treatment of minorities and this desire that this should continue[40].

La Commission scolaire de Montréal prête les locaux nécessaires. En 1961 l'influence de St. Joseph Teachers' College rayonne jusque dans la succursale de Québec. Le révérend G. Emmett Carter supervise également l'école normale de langue anglaise établie à Cross Point. Celle-ci remplace la section de langue anglaise confiée en 1955, à l'école normale de Mont-Joli, puis transférée en 1960, à Carleton. Pendant l'année académique 1960-1961, la section de langue anglaise de Carleton compte à peine quatre élèves inscrites en première année d'école normale. Comme le milieu de Restigouche a une population à 50 p. 100 anglophone, il devient évident que Cross Point est l'endroit idéal pour la formation des institutrices anglophones. L'école normale est donc établie à l'école secondaire Sainte-Anne où, chaque année, les normaliennes de Mont-Joli venaient faire leur enseignement pratique.

Les différents milieux aussi bien anglophones que francophones ont donc reçu l'attention des gouvernants qui se sont fait un devoir d'y implanter des écoles normales pourvues d'un personnel compétent, capable de former les institutrices réclamées par les familles et les autorités religieuses.

Fondations obtenues par les évêques et par les communautés enseignantes

L'influence du clergé et des communautés religieuses apparaît comme prépondérante dans cette période qu'on pourrait appeler « la belle époque » de l'Église au Canada français. L'intervention de l'évêque demeure nécessaire pour la recommandation d'une école normale au Comité catholique et pour la désignation d'une communauté enseignante responsable d'une nouvelle école normale. Or, pendant cette période, certains évêques vont accélérer le processus de l'établissement d'une école normale dans les diocèses particulièrement démunis.

Intervention spéciale des évêques

Saint-Hyacinthe. — Au diocèse de Saint-Hyacinthe, une seule école normale est incapable de répondre aux besoins de 491 écoles non congréganistes ; la moyenne des finissantes « est d'environ 39, soit 19 avec le brevet complémentaire et 20 avec le brevet élémentaire, ce qui semble bien insuffisant étant donné l'instabilité dans l'enseignement d'un grand nombre d'institutrices[41]. Les Sœurs de Saint-Joseph fondées par Mgr Louis-Zéphirin Moreau s'occupent depuis soixante-trois ans de petites écoles de villages ; « elles ont aussi le mérite extraordinaire d'avoir conservé à la foi et à la race la grande partie de la population de l'est du diocèse[42]. » À cause du rôle joué par ces religieuses dans la région, il serait juste qu'elles dirigent la deuxième école normale. C'est ce qu'elles désirent grandement depuis la disparition du Bureau central. De plus, la création d'une deuxième école normale dans le diocèse de Saint-Hyacinthe « permettrait aux élèves-maîtresses de faire avec plus de régularité et d'une façon plus pratique et plus profitable leur classe d'application pédagogique[43] ». Et si les autorités jugent qu'il vaudrait mieux la placer dans une autre ville du diocèse, les religieuses proposent Granby ou Sorel. Vu la possibilité de construire « à côté de l'école ménagère, sur une large ferme que possèdent les Révérendes Sœurs de Saint-Joseph, à l'extrémité de la ville[44] », Mgr recommande l'établissement de l'école normale à Saint-Hyacinthe même, puisque la nouvelle école offre toutes les garanties désirables pour la formation rurale des institutrices.

Nicolet. — L'école normale des Sœurs de l'Assomption de la Sainte-Vierge ne parvient plus à combler le besoin d'institutrices dans les paroisses du diocèse. Aussi en 1941, Mgr Albini Lafortune obtient qu'une nouvelle école normale soit établie au couvent de Saint-Léonard-d'Aston, en attendant qu'un local neuf puisse recevoir les normaliennes à Saint-Simon-de-Drummond. La guerre mondiale impose des ralentissements car on ne peut se procurer de matériaux pour la construction. Un agrandissement accommode en 1942-1943, les soixante-douze élèves qui se présentent à l'école normale. Plus tard en 1951, les religieuses obtiennent que l'école normale soit établie en permanence à Saint-Léonard-d'Aston. C'est ainsi qu'un modeste village est témoin d'une activité pédagogique remplie d'espérance pour le diocèse de Nicolet.

Trois-Rivières. — Au diocèse de Trois-Rivières, c'est une troisième école normale qui devient nécessaire dans la région formée des comtés de Champlain, Laviolette et Saint-Maurice. Aussi, la Commission des écoles normales recommande la fondation d'une école normale qui serait confiée aux Filles de Jésus « autorisées à donner les cours à Saint-Stanislas, jusqu'à ce que le site de ladite école ait été définitivement fixé[45] ». Deux ans plus tard, Mgr Maurice Roy, évêque de Trois-Rivières, propose le choix définitif : « que cette école normale soit établie dans la paroisse de Saint-Odilon, Cap-de-la-Madeleine, dans le comté de Champlain[46]. La construction subit quelques délais qui rendent pénibles les débuts : plusieurs déménagements précèdent l'installation à Val-Marie, le 19 septembre 1949.

Ottawa. — L'urgence d'une école normale s'impose dans la partie nord du diocèse d'Ottawa. Mgr Alexandre Vachon se rend à l'école normale de Hull et constate qu'on refuse une trentaine de jeunes filles à la rentrée de septembre 1945 alors que le principal prévoit plus de refus pour l'année suivante. De son côté, le curé de Saint-André-Avellin prévient son évêque qu'on doit engager des institutrices non diplômées, même des mères de famille. Et malgré cela, des écoles restent fermées à Saint-Sixte, à Boileau et ailleurs. Mgr Vachon insiste auprès du Comité catholique car il trouve que la région d'Ottawa « a été un peu négligée[47] ». À la session de mai, on décide d'accorder une école normale à Saint-André-Avellin.

Saint-Jean. — Dans le diocèse de Saint-Jean une seule école normale ne suffit plus à cause du mouvement d'émigration allant de Montréal vers la rive sud. « Au cours des années 1944 et 1945 seulement, 13 000 âmes se sont ajoutées à la population du diocèse de Saint-Jean et on prévoit une nouvelle augmentation de 8000 âmes pour 1946[48] ».

Mgr Forget propose Longueuil comme site d'une deuxième école normale dans le diocèse de Saint-Jean puisque la Congrégation des Sœurs des Saints-Noms de Jésus et de Marie est toute disposée à lui donner sa collaboration. Les Sœurs sont prêtes à ouvrir l'école normale au couvent de Verchères, à cause des difficultés de construction survenues après la guerre de 1939-1945 ; pendant ce temps, on terminera la construction de Longueuil. Cependant la réalisation du projet s'avère difficile ; il faut traverser les limites de Longueuil pour trouver, à Saint-Lambert, un emplacement convenable. L'achat est vite conclu grâce à l'autorisation de l'évêque et du surintendant et l'on voit alors s'élever sur les bords du Saint-Laurent l'une des plus belles écoles normales de la province.

Valleyfield. — Mgr J.-A. Langlois constate également la rareté des institutrices dans son diocèse de Valleyfield. Il obtient en 1946, qu'une nouvelle école normale soit intégrée au couvent de Rigaud sous la direction des Sœurs de Sainte-Anne.

Contribution des communautés enseignantes

Les pensionnats transformés en écoles normales témoignent de la collaboration des religieuses avec les évêques et compensent l'aide matérielle que le gouvernement ne peut consacrer au budget de la formation des maîtres. Vers la fin de cette période, les scolasticats-écoles normales répondent au même besoin.

Pensionnats transformés

À Thetford, d'une part, les Sœurs de la Charité possèdent un pensionnat qui peut recevoir soixante élèves et, d'autre part, les écoles primaires ont plusieurs institutrices non diplômées. Dès 1936, l'inspecteur des écoles s'adresse au surintendant pour obtenir une école normale, mais la réponse est peu encourageante. Sept ans plus tard, l'abbé Poulin, curé de Saint-Alphonse, reprend le projet. Entre autres choses, le curé s'inquiète que des jeunes catholiques fréquentent le High School protestant. De son côté, la Commission scolaire de la cité de Thetford adresse aux Sœurs de la Charité une lettre qui présente plusieurs arguments en faveur d'une école normale : d'abord l'importance de la population, de son centre minier, de sa position géographique et surtout l'avantage que présenterait une telle école pour les jeunes filles de la région. De plus les Sœurs de la Charité « ont fondé à Thetford Mines la première communauté »[49] et elles enseignent dans les deux paroisses depuis la fondation de la ville.

La même année, les Sœurs de la Charité reçoivent l'autorisation d'établir une école normale dans leur couvent.

À Pont-Rouge, l'initiative d'une école normale revient à Mère Saint-Félix des Sœurs de la Charité de Saint-Louis. Après avoir fondé un scolasticat pour ses religieuses en 1926 et le scolasticat-école normale de Bienville en 1936, elle songe à fonder une école normale afin d'assurer un recrutement suffisant pour les écoles de villages et de rangs. Chaque année, des institutrices abandonnent l'enseignement et les remplaçantes sont de plus en plus rares. Mère Saint-Félix désire aussi promouvoir l'avancement des études chez bon nombre d'élèves qui ne peuvent dépasser la 9e année. Dans sa première demande au Comité catholique, le 26 avril 1937, elle sollicite une école normale pour Loretteville. La sous-commission des écoles normales n'en voit pas l'urgence à cause de la proximité de Mérici. Sept ans plus tard, Mère Saint-Félix revient à la charge et demande cette fois que l'école normale soit établie à Pont-Rouge. La requête, présentée le 7 janvier 1946, reçoit une réponse effective à la session de mai de la même année. Le pensionnat fait toilette neuve pour recevoir la nouvelle école normale le 4 septembre suivant.

La suggestion du surintendant Bruère d'intégrer les communautés enseignantes dans l'œuvre des écoles normales se réalise de différentes façons. À Saint-André-Avellin, le pensionnat des Sœurs de la Providence sert aussi à la formation des institutrices de la région d'Ottawa. Le pensionnat des Sœurs de Saint-Paul-de-Chartres à Sainte-Anne-des-Monts accommode même deux institutions : l'école ménagère et l'école normale ; ce qui permet aux normaliennes de recevoir leurs cours de couture et d'art culinaire des professeurs de l'école ménagère. Les Sœurs de Sainte-Anne n'hésitent pas à transformer leur pensionnat de Rigaud pour donner aux jeunes filles du diocèse de Valleyfield plus de facilités dans leur préparation à l'enseignement.

En attendant une construction plus spacieuse, les normaliennes du comté d'Arthabaska reçoivent l'hospitalité au pensionnat des Sœurs de la Congrégation de Notre-Dame à Victoriaville ; de même pour les élèves de l'école normale de Fort-Coulonge accueillies au pensionnat des Sœurs Grises de la Croix. Le pensionnat de Disraéli aménagé en école normale permet aux Sœurs des Saints-Noms de Jésus et de Marie de poursuivre jusqu'en 1966 l'œuvre qui leur avait été confiée dans le diocèse de Sherbrooke. Dans cette région, les écoles normales sont dans l'impossibilité, en 1956, d'acquiescer à toutes les demandes ; c'est alors que des personnalités de Coaticook et des villages environnants prient les religieuses de la Présentation de Marie de continuer les démarches entreprises en 1945. La population désire la transformation du pensionnat en école normale où les jeunes filles de la campagne seraient pensionnaires et celles de la ville, externes. On compte sur les dix-sept écoles confiées aux Sœurs de la Présentation pour alimenter l'école normale. Le vœu est exaucé et l'École normale de Coaticook ouvre ses portes en septembre 1957.

La même solution est appliquée au problème du diocèse d'Amos : le pensionnat des Sœurs Grises de la Croix de Rouyn-Noranda devient école normale et reçoit, en 1958, pensionnaires et externes.

En plus de mettre leurs pensionnats à la disposition du gouvernement pour loger les futures institutrices, les communautés religieuses offrent leurs scolasticats. La plupart de leurs éducatrices satisfont aux exigences de la certification des maîtres et les jeunes filles qui se présentent dans les noviciats détiennent le plus souvent un brevet d'enseignement.

Les scolasticats sont utilisés

En vertu de l'article 478b de la Loi de l'instruction publique (21 Geo. V, ch. 60), les scolasticats de religieuses enseignantes peuvent être reconnus comme écoles normales.

L'application de cette loi se fera graduellement. Ainsi dès 1942, une partie du scolasticat des Filles de la Charité du Sacré-Cœur-de-Jésus ouvre ses portes à l'école normale de Sherbrooke, à la demande de Mgr Philippe Desranleau, pour les quarante paroisses du comté de Wolfe. Il semble impossible de construire dans le milieu rural qu'est Saint-Gérard. Jusqu'en 1965, les deux sections cohabitent et fournissent au diocèse de Sherbrooke les recrues nécessaires au remplacement des départs annuels.

À cause des distances, on accorde un privilège analogue aux Sœurs des Sacrés-Cœurs de Senneterre : quelques jeunes filles se joignent aux religieuses du Scolasticat. L'inspecteur général des écoles normales, qui visite le scolasticat en décembre 1955, paraît émerveillé devant le fonctionnement de l'équipe formée de religieuses, de novices, de postulantes et de jeunes filles. Tout de suite il suggère une école normale pour favoriser un plus grand nombre de jeunes filles. L'évêque d'Amos, Mgr J.-A. Desmarais, appuie le projet « comme un moyen de remédier à la grande pitié des institutrices non diplômées sur le vaste territoire d'Amos[50] ». La recommandation du Comité catholique est déterminante puisque le 1er juillet la communauté signe un contrat avec le gouvernement. Les religieuses peuvent donc à l'école normale de Senneterre poursuivre à une plus grande échelle l'œuvre commencée.

Par ailleurs un motif nouveau suscite, à Rivière-du-Loup, la transformation en école normale du scolasticat des Sœurs de l'Enfant-Jésus, comme en témoignent certains commissaires : « la diminution constante du personnel religieux enseignant provoque un besoin sans cesse grandissant d'institutrices laïques[51]. » L'inspecteur des écoles apporte aussi un argument précis : « si les institutrices étaient plus nombreuses, les commissions scolaires pourraient retenir les services de celles qui sont les mieux qualifiées[52]. » De son côté, l'évêque du diocèse de Sainte-Anne craignant la multiplication exagérée des écoles normales propose l'ouverture temporaire du scolasticat-école normale de Rivière-du-Loup aux jeunes filles externes. La décision de la Commission des écoles normales propose le contraire : « que cette demande soit agréée à condition que le scolasticat-école normale dirigé par les mêmes religieuses cesse d'exister[53]. » Ce qui devient une réalité en septembre 1959, lorsque le scolasticat des Sœurs de l'Enfant-Jésus devint l'école normale de Rivière-du-Loup.

L'acceptation de quelques jeunes filles dans le scolasticat des Sœurs de Saint-François-d'Assise entraîne, comme à Senneterre, l'apparition d'une école normale. Toutes les catégories d'éducatrices ont accès, en 1966, à la formation pédagogique qui se donne dans la nouvelle école normale de Charlesbourg établie dans la banlieue de Québec.

Du côté de Montréal, le scolasticat dirigé par les Filles de la Sagesse devient l'école normale de Dorval ; de même, celui des Sœurs Grises, l'école normale Marguerite-de-Lajemmerais. Pourtant ces dernières avaient adressé dès 1937 une demande au Département de l'instruction publique pour une deuxième école normale de filles dans le diocèse de Montréal. Un scolasticat leur avait été accordé, ce qui en fait ne répondait pas aux besoins de la communauté. Le supérieur du Séminaire de Montréal écrit à ce sujet :

> Si l'on veut que les Sœurs Grises conservent leurs couvents de l'Est, il semble que le moyen d'obtenir ce résultat, c'est de leur permettre d'avoir une école normale-scolasticat, où elles pourraient admettre leurs propres élèves et les retenir en vue du recrutement[54].

Les Sœurs Grises reviennent à la charge en 1960 et obtiennent que leur scolasticat devienne école normale pour jeunes filles.

Si les religieuses préféraient donner la formation pédagogique à leurs élèves, il est intéressant de noter que les familles catholiques québécoises entretenaient jalousement une tradition qui engageait les parents à confier l'éducation de leurs jeunes filles à une tante religieuse ou à une maison d'éducation dirigée par les mêmes religieuses qui avaient commencé la formation de leurs enfants : « Les élèves de nos différents couvents de la ville ou de la campagne sollicitent chaque année l'avantage de terminer leurs études avec la même communauté[55]. » Cette coutume explique le désir des congrégations enseignantes de posséder au moins une école normale. En plus de répondre aux désirs des familles, les communautés favorisent ainsi l'éclosion de nombreuses vocations religieuses qui par la suite prendront la relève dans leurs œuvres d'éducation.

Si le rôle des écoles normales est significatif dans le grand nombre de vocations religieuses féminines au Québec, il est certain que la présence des institutrices non diplômées dans les écoles primaires fut l'une des principales causes de la multiplication des écoles normales de jeunes filles, de même que le roulement élevé des enseignantes.

Fondations d'externats-écoles normales dans les milieux urbains

Un autre facteur s'ajoute dans l'apparition des externats-écoles normales : un bon nombre de jeunes filles, avides de liberté ou issues de familles peu fortunées, ne pouvaient s'inscrire comme pensionnaires dans les écoles normales de leur ville et privaient ainsi la profession d'un contingent d'institutrices issues du milieu même. On a vu dans un chapitre précédent qu'une autorisation avait permis à l'école normale de Hull de recevoir des externes ; cette expérience heureuse amène l'établissement de plusieurs externats-écoles normales dans les petites et les grandes villes de la province.

Dans les petites villes

Pour répondre aux besoins de la région de Drummondville, on établit une école normale à Saint-Léonard-d'Aston en attendant la construction prévue à Saint-Simon-de-Drummond, construction empêchée par la guerre mondiale ; entre temps l'école de Saint-Léonard est reconnue officiellement. L'évêque de Nicolet y voit cependant de réels obstacles et suggère en 1954, le transfert de l'école normale de Saint-Léonard à Drummondville. C'est alors que M. Roland Vinette recommande au Comité catholique l'établissement d'un externat-école normale à Drummondville. Après de fructueuses négociations avec Mgr Martin et la congrégation des Sœurs de l'Assomption de la Sainte-Vierge, la Commission scolaire de la ville reçoit l'école normale à l'école Saint-Paul, en septembre 1955. Ainsi débute la première école normale pour externes seulement.

La même année, les Sœurs Grises de la Croix organisent une école normale à l'académie Saint-Marc de Shawinigan et les Sœurs de la Congrégation de Notre-Dame à l'école supérieure Marguerite-Bourgeoys de Saint-Joseph-d'Alma. Cette dernière école normale est l'aboutissement d'une démarche commencée en 1940 par la Corporation scolaire du village d'Alma. On désire alors qu'il y ait une classe d'école normale dans le couvent mais le surintendant refuse : « le projet d'établir une classe d'école normale n'est pas pratique car une école normale dans le vrai sens du mot, ce n'est pas une classe quelconque greffée sur une école ordinaire[56]. » Mgr Mélançon reprend les démarches en 1955 et obtient gain de cause :

Il s'agit d'un mode de formation professionnelle d'un genre tout à fait nouveau, puisqu'à date, les jeunes filles désireuses de se dévouer dans la noble carrière de l'enseignement, savaient se soumettre au régime du pensionnat, ce qui occasionnait bien des difficultés, et du côté de la bourse des parents et du côté de l'adaptation de l'élève à ce nouveau genre de vie[57].

L'ouverture d'un externat-école normale à Saint-Joseph-d'Alma aplanit les difficultés et prépare une phalange de jeunes institutrices qualifiées et issues du milieu.

En 1956, un autre externat-école normale s'ouvre à Granby sous la direction des Sœurs de la Présentation de Marie ; trois ans plus tard, on y ajoute un pensionnat. Cette solution devient courante puisque la liberté d'accepter des externes est accordée à toutes les écoles normales de jeunes filles.

La formule des externats-écoles normales gagne Sorel, Rivière-du-Loup, Lac-Mégantic et favorise les élèves qui désirent obtenir des brevets « C » et « B ». Pour la plupart des familles de Sorel, le pensionnat est une trop lourde charge et, à Rivière-du-Loup, les jeunes filles optent pour des emplois de bureau au détriment de la profession d'enseignantes alors qu'on manque d'institutrices pour les écoles primaires. Dans la région de Lac-Mégantic, l'inspecteur Breton constate la présence d'institutrices non diplômées et obtient, avec l'appui de l'abbé Oscar Mauger, une maison de la Commission scolaire pour recevoir pensionnaires et externes de la nouvelle école normale accordée en 1959. De son ouverture à sa fermeture en 1965, cette école normale préparera à l'enseignement plus de cent jeunes filles, preuve de la nécessité d'une telle institution dans ce milieu des Cantons de l'Est.

Le même phénomène est observé dans les villes plus importantes de Québec et de Montréal, où les nouvelles fondations reçoivent des externes tout en offrant une possibilité d'internat.

Dans les grandes villes

Comme les jeunes filles éprouvent quelques difficultés à accéder à la carrière d'enseignement à cause des frais exigés par le pensionnat et que le nombre d'institutrices venues des milieux ruraux est assez important, le gouvernement accorde, à Québec, deux externats-écoles normales : le premier en 1956, à Limoilou, dirigé par les Sœurs Servantes du Saint-Cœur-de-Marie et le second en 1958, dans le quartier Saint-Roch où les Sœurs de la Congrégation de Notre-Dame dirigent déjà une institution. La situation qui prévaut dans les écoles parle d'elle-même : en 1957-1958, on engage à Québec 369 institutrices nouvelles dont 131 viennent des écoles normales de Mérici, de Lévis et de Limoilou, tandis que les autres ont été formées à Baie-Saint-Paul, Saint-Damien et Pont-Rouge. Pourquoi priver les comtés de Charlevoix, de Bellechasse et de Portneuf de recrues nécessaires ?

Une situation identique prévaut à Montréal. Jusqu'en 1950, une seule école normale de filles dessert la métropole et c'est la section féminine de l'école normale de Jacques-Cartier. Il y a bien celle de Saint-Lambert qui, à partir de 1947 apporte du renfort, mais c'est nettement insuffisant puisque les institutrices nouvelles sortent en grande partie des autres écoles normales de la province. Les débuts de l'école normale Ignace-Bourget confirment le fait.

Un groupe d'élèves de Montréal qui ne peut fréquenter l'école normale de Mont-Laurier à cause du manque d'espace, est autorisé, en 1949, à suivre une 10e année pédagogique à l'école Notre-Dame-du-Saint-Sacrement. Privilège accordé à quatorze étudiantes dont neuf pensionnaires ; il en sera de même en 1950 et 1951. En février 1952, l'établissement d'une école normale au couvent de la rue Mont-Royal est recommandé par le Comité catholique sur proposition du cardinal Léger : « il n'existe à Montréal qu'une seule école normale pour une population de plus d'un million et [...] cette institution ne peut suffire aux besoins sans cesse croissants[58] ». L'école Ignace-Bourget reçoit ses statuts et progresse rapidement. En septembre 1952, le nombre total des normaliennes se chiffre à 105 dont 36 pensionnaires et, quatre ans plus tard, l'inscription s'élève à 216 dont 69 pensionnaires.

Dès 1953 la faible préparation des institutrices incite les Sœurs de la Congrégation de Notre-Dame à offrir un cours de quatre ans à l'Institut pédagogique. Le cardinal Léger propose l'établissement de cette nouvelle école à la séance du 6 mai.

Le 31 janvier 1954, le cardinal s'adresse de nouveau à la sous-commission des écoles normales pour les informer d'un projet d'envergure dans l'Est de Montréal : « Les Révérendes Sœurs de Sainte-Anne construisent prochainement un centre culturel important sur le plateau de Rosemont et elles désirent en même temps y établir leur école normale[59]. » L'inauguration de cette nouvelle école normale a lieu en juin à l'académie Marie-Anne où on dispensera les cours pendant deux ans parce que la Commission des écoles catholiques de Montréal interdit aux étudiantes de prendre possession de l'école normale Cardinal-Léger avant 1956-1957.

Avec l'école normale Sainte-Marie-des-Anges établie en 1957 au pensionnat de Viauville et les écoles normales de Dorval et de Lajemmerais, le réseau des écoles normales de Montréal est achevé.

On a donc pu constater que de 1940 à 1962 les écoles normales de jeunes filles se sont multipliées à vive allure ; 48 écoles en vingt-deux ans pour un total de 72 dans la province. Le directeur général des écoles normales en donne l'explication :

> Dans les autres provinces du Canada, de même d'ailleurs que dans la plupart des autres pays, les écoles normales, ou presque toutes, ont été des créations de l'État. Il est alors normal que l'on ait songé à construire assez grand et à agrandir au rythme des besoins, limitant ainsi le nombre de ces écoles.
>
> Dans le Québec, au contraire, la plupart des écoles normales, celles des filles en particulier, étaient, à l'origine, de simples couvents qui un jour ont demandé et obtenu l'autorisation d'être reconnus comme écoles normales et de suivre les règlements et programmes approuvés par le Comité catholique pour les écoles de ce genre.
>
> Or, ces couvents étant des institutions peu considérables mais nombreuses et dispersées dans tous les coins de la province, leur transformation en écoles normales devait nécessairement amener la création d'un grand nombre de petites écoles. Si l'on ajoute à ces conditions le grand nombre de communautés enseignantes dans la province et l'intérêt légitime pour chacune de pouvoir diriger au moins une école normale, il était naturel que les besoins augmentant, on ait songé à multiplier ces écoles plutôt qu'à agrandir les institutions déjà existantes[60].

Cette multiplication d'écoles normales de jeunes filles entraînera fatalement de graves problèmes d'organisation et de fonctionnement, dont celui des programmes qui doivent être adaptés à l'évolution de la société québécoise.

Notes

1. Voir la carte « Écoles normales de jeunes filles », 1857-1974, Appendice, p. 231.
2. Voir le Tableau II, Appendice, p. 210.
3. L.-P. AUDET, *Histoire de l'enseignement au Québec*, t. 2, p. 202.
4. André RAYNAULD, *Croissance et structure économique de la province de Québec*, p. 72.
5. T.-D. BOUCHARD, *L'instruction obligatoire*, p. 35 ; L.-P. AUDET, *La querelle de l'instruction obligatoire*, p. 131-150.
6. Voir Tableau VII, Appendice, p. 222.
7. AQ, 03-09-27, Lettre du surintendant à Mgr Nelligan, 29 décembre 1939.
8. *PVCCCIP*, (B.-O. FILTEAU), séance du 27 septembre 1939, p. 42.
9. Archives de la Maison généralice des Sœurs de la Charité, Québec, Mgr LABRIE, « École normale de Havre-Saint-Pierre » dans *Noces d'argent de l'École normale Saint-Joseph*.
10. AQ, 09-09-27, Lettre de Mgr G. Mélançon à J.-P. Labarre, 9 janvier 1947.
11. AQ, 09-74-41, Lettre de Mgr Hermann Bruneault à J.-D. Gagné, 6 septembre 1937.
12. AQ, 11-37-11, Léon BOUCHARD, *Résolution* de la Commission scolaire de Sainte-Anne-des-Monts, 25 avril 1944.
13. AQ, 11-31-11, Lettre de la directrice à B.-O. Filteau, 4 septembre 1946.
14. AQ, 11-21-02, Lettre du surintendant à H.-J. Martin, 21 mai 1940.
15. AQ, 11-17-31, Lettre de J.-P. Labarre au surintendant, 23 février 1940.
16. AQ, 11-17-31, Lettre de l'évêque de Rimouski au surintendant, 10 mars 1940.
17. *PVCCCIP*, (B.-O. FILTEAU), séance du 8 mai 1940, p. 40.

18. AQ, 11-17-31, Lettre de l'évêque de Rimouski au surintendant, *loc. cit.*

19. *Rapport du sous-comité des écoles normales*, dans *PVCCCIP*, (B.-O. FILTEAU), séance du 8 mai 1940, p. 40.

20. AQ, 11-17-31, Lettre de Mgr Courchesne à B.-O. Filteau, 21 février 1940.

21. AQ, 11-17-31, J.-P. LABARRE, *Rapport* soumis à l'honorable Victor Doré, 23 février 1940.

22. Archives de la Maison généralice des Sœurs du Bon-Pasteur, Québec, Lettre de Mgr Courchesne à la Supérieure des Sœurs du Bon-Pasteur, 7 février 1938.

23. AQ, 11-17-31, Victor Côté, ptre, J.-S. Rouleau, maire, J.-C. Gagnon, président, *Résolution* de la Commission scolaire de Matane, automne 1939.

24. AQ, 11-17-31, Lettre de G. Fortier au surintendant, *Extrait* des délibérations de la Commission scolaire de Saint-Jérôme-de-Matane, 29 février 1944.

25. AQ, 11-25-23, Lettre de Émilien Roy à l'honorable Victor Doré, 8 décembre 1941.

26. AQ, 11-25-23, Résolution de la Chambre de Commerce d'Amqui, 19 mai 1944.

27. AQ, 11-13-42, Lettre de la Supérieure du couvent de Saint-Damien au surintendant, 2 août 1938.

28. AQ, 11-13-42, Lettre de J.-W. Caron à M. Victor Doré, 22 août 1938.

29. *PVCCCIP*, (B.-O. FILTEAU), séance du 25 septembre 1940, p. 36.

30. AQ, 11-13-42, Lettre de J.-W. Caron au surintendant, 30 octobre 1940, p. 1.

31. Archives de la Maison généralice des Sœurs du Bon-Pasteur, Québec, Les curés du comté de l'Islet, *Requête* adressée à la Communauté du Bon-Pasteur, vers 1944.

32. Archives de la Maison généralice des Sœurs du Bon-Pasteur, Québec, Lettre de Sœur Marie de Saint-Luc à Mère Saint-Pierre-Damien, 5 juillet 1944.

33. AQ, 15-61-37, lettre de Hector B. Bélec à l'honorable J.-H. Paquette, 2 août 1939.

158

34. *Communication* de l'évêque de Chicoutimi au sujet de l'établissement d'une école normale à Dolbeau, dans *PVCCCIP* (B.-O. FILTEAU), séance du 22 septembre 1948, p. 61.

35. AQ, 11-53-04, Lettre de Sœur Marie-de-Bethléem à Mgr Couturier, 16 janvier 1957.

36. *Rapport de la Commission des Écoles normales,* dans *PVCCCIP,* (B.-O. FILTEAU) séance du 27 septembre 1954, p. 7.

37. *PVCCCIP,* (B.-O. FILTEAU), séance du 15 décembre 1954, p. 43.

38. *Ibid.*

39. AQ, 03-09-27, lettre de Mgr Smith au surintendant Desaulniers, 13 janvier 1955.

40. Canon G. Emmett CARTER, *The Catholic Public Schools of Québec,* p. 91.

41. Communication de Mgr Douville, dans *PVCCCIP,* (B.-O. FILTEAU), séance du 11 décembre 1940, p. 26.

42. Rapport de la Commission de coordination et d'examens, dans *PVCCCIP,* (B.-O. FILTEAU), séance du 20 février 1941, p. 6.

43. AQ, 11-17-25, Lettre de Sœur Saint-Jean-Berchmans au surintendant, 7 juillet 1939.

44. Communication de Mgr Douville, *loc. cit.* p. 27.

45. *PVCCCIP,* (B.-O. FILTEAU), séance du 20 décembre 1944, p. 7.

46. *PVCCCIP,* (B.-O. FILTEAU), séance du 25 septembre 1946, p. 52.

47. AQ, 11-47-27, Lettre de Mgr Vachon au surintendant, 21 février 1946. Comme le diocèse de Hull sera érigé en 1963, une partie de la province de Québec fait alors partie du diocèse d'Ottawa.

48. *PVCCCIP,* (B.-O. FILTEAU), séance du 14 décembre 1946, p. 16.

49. AQ, 09-74-14, Alphonse ALLARD et Antoine BEAUDOIN, Procès-verbal d'une réunion de la Commission scolaire de Thetford Mines, 20 mars 1944.

50. Archives des Sœurs des Sacrés-Cœurs de Jésus et de Marie, Lettre de Mgr Desmarais à Mgr Pelletier, 16 septembre 1954.

51. AQ, 03-13-05, Lettre de Antonio Chassé au surintendant, 29 octobre 1958.

52. AQ, 03-13-05, lettre de J.-Amédée Duval au directeur général des écoles normales, 12 novembre 1958.

53. *PVCCCIP*, (R. VINETTE), séance du 10 décembre 1958, p. 95.

54. Archives de la Maison généralice des Sœurs Grises de Montréal, Lettre de Sœur M.-V. Allaire au surintendant, 1936.

55. AQ, 13-18-25, Lettre de Sœur Sainte-Jeanne-de-Chantal au surintendant, 6 décembre 1959.

56. AQ, 11-21-04, Lettre du surintendant à M. Jobin, 8 mai 1940.

57. ACNDM, École et pensionnat Saint-Joseph d'Alma, fondation et développement, 2e cahier, 1952-59, p. 277.

58. *PVCCCIP*, (B.-O. FILTEAU), séance du 20 février 1952, p. 126.

59. AQ, 11-41-09, Lettre du cardinal Léger au surintendant Desaulniers, 31 janvier 1954.

60. Roland VINETTE, « Une formule unique », dans *L'Instruction publique*, vol. 1, n° 8, p. 663.

7
Fonctionnement des écoles normales de jeunes filles (1940-1962)

Déjà en 1940, tous les diocèses de la province de Québec possèdent au moins une école normale de jeunes filles, résultat des efforts conjugués des évêques, des gouvernants, de la population et des communautés religieuses.

Les responsables de l'éducation s'efforcent de suivre les progrès de la psychologie et de la pédagogie et adaptent les programmes aux besoins nouveaux de la science et de la technique, même s'ils redoutent les changements et demeurent attachés aux valeurs traditionnelles et fondamentales. Pourtant l'adaptation commencée dans les écoles primaires se poursuit jusqu'au niveau de la formation des maîtres, c'est-à-dire dans les écoles normales.

En principe, elles dépendent du gouvernement pour leur création, mais l'organisation matérielle et pédagogique demeure la responsabilité des communautés religieuses sous l'œil vigilant du principal, soumis au Département de l'instruction publique, et au Comité catholique du Conseil de l'instruction publique.

FINANCEMENT

Tout comme dans les périodes précédentes, les communautés enseignantes sont responsables de l'administration et du financement des écoles normales de jeunes filles. Les élèves s'acquittent des frais de scolarité et de pension, et le gouvernement accorde une subvention annuelle uniforme pour stabiliser la gestion financière. Toutefois deux écoles continuent à recevoir un traitement particulier : il s'agit des écoles normales de Mérici et Jacques-Cartier, section des filles dont nous parlerons plus particulièrement.

Premières écoles normales

Mérici[1]. — Depuis 1857 les Ursulines réussissent à maintenir l'œuvre commencée au Vieux Monastère où, chaque année, des dépenses nouvelles s'ajoutent pour l'amélioration des bâtiments. Les besoins ordinaires : alimentation, chauffage, éclairage, etc. exigent déjà un montant de 81 986,31 dollars pour les années de 1930 à 1952. Cependant, les autorités de la maison projettent quelques réparations et des transformations importantes, mais les revenus ordinaires ne suffisent pas, même si les élèves payent une pension. Les chiffres, à ce sujet, sont éloquents : pour l'année 1949-1950, les revenus de pension d'élèves s'élèvent à 48 249,01 dollars, alors que les dépenses courantes atteignent 59 092,63 dollars. Il faut souligner que des réductions de pension sont souvent consenties par charité et que des familles oublient parfois d'acquitter leurs comptes. La pension, fixée à 25 dollars par mois, fait que chaque élève paie à peine 83 cents par jour pour la nourriture, le chauffage, l'éclairage, etc. C'est peu comparativement au prix des aliments, des matériaux et aux coûts des salaires payés aux employés.

La subvention de base des écoles normales est portée de 5000 à 7000 dollars en 1949 et à Mérici, les religieuses profitent de l'occasion pour demander une augmentation équivalente de leur subvention. Les démarches traînent en longueur probablement à cause de la situation spéciale créée par leur contrat de 1928. Mère Sainte-Clotilde revient à la charge et demande même une rétroactivité depuis 1949.

C'est alors qu'un premier mémoire adressé au secrétaire du Comité catholique passe de M. le Surintendant à M. le Ministre. Enfin, survient une modification au contrat de 1928 : Que soient remplacés « les mots ‹ Dix mille Dollars (10,000.00) › par les mots ‹ Douze mille Dollars (12,000.00) ›[2] ».

Les Ursulines ont fourni dans leur monastère de la rue du Parloir les locaux et le personnel nécessaires au bon fonctionnement de la première école normale de jeunes filles. Elles continuent de même à Mérici bien que les dépenses dépassent les revenus annuels reçus du gouvernement et des parents des élèves. Malgré les dettes entraînées par la construction de l'école normale de Mérici, il ressort de ce qui précède que les subventions reçues aidaient aux dépenses courantes, et portaient même les religieuses à entreprendre des améliorations coûteuses.

Jacques-Cartier, section des jeunes filles. — Les Sœurs de la Congrégation de Notre-Dame avaient reçu des subventions élevées dès le début de la fondation de leur école normale en 1899. Ce privilège se continuera tout au long de son histoire : ainsi en 1954, alors que la subvention de base des écoles normales augmente, celle de Mérici est fixée à 15 000 dollars ; on constate avec étonnement que celle de l'école normale de Jacques-Cartier est portée à 23 000 dollars. Comme nous l'avons dit précédemment, cet écart s'explique par le fait que les professeurs de l'école normale Laval continuent leur enseignement à Mérici pour la plupart des matières.

Écoles normales des deuxième et troisième périodes

Les contrats de 1906 à 1962 demeurent stables quant aux obligations des communautés ; seules les pensions passent de 150 dollars par année en 1943 à 250, en 1949.

Subventions. — Le gouvernement se charge du traitement du principal et du professeur laïque à partir de 1941 et il s'engage à payer aux communautés une subvention annuelle proportionnelle au nombre d'élèves inscrites :

Inscription de 60 élèves   4 500,00

Inscription de 61 à 110 élèves   50,00 pour chaque élève en plus.

Les bourses payées à l'institution sont réparties de la façon suivante :

1re année : 24 bourses entre 20$ et 40$ moyenne 30$ montant global : 720$;

2e année : 30 bourses entre 30$ et 40$, moyenne 35$, montant global : 1050$;

3e année : 20 bourses entre 50$ et 70$, moyenne 60$, montant global : 1200$;

4e année : 10 bourses entre 70$ et 80$, moyenne 75$, montant global : 750$.[3]

La courbe d'augmentation de la subvention de base est assez rapide. Quatre ans plus tard, elle aura atteint 5000 dollars et le 30 novembre 1949, un arrêté ministériel la porte à 7000 dollars rétroactivement au 1er juillet, sans modifier pour autant les autres avantages. Dans l'espace de huit ans l'aide financière, accrue de 2500 dollars ne répond pas encore aux besoins de certaines écoles normales. La Commission des écoles normales charge son président, Mgr Georges-Léon Pelletier, de porter à la connaissance du premier ministre, l'honorable Maurice Duplessis, l'angoissant problème de plusieurs écoles normales. Le rapport contient des données générales et, à titre informatif, des exemples de la situation particulière des écoles normales de Nicolet, d'Amqui, de L'Islet, de Gaspé et de Hull. On reconnaît de nouveau le mérite des communautés religieuses : « Dans leur travail pour la société, les communautés ne devraient pas seules supporter le fardeau de dettes contractées précisément à cause des besoins même de la société[4]. » Pour honorer leurs obligations les religieuses doivent recourir à leur maison mère et maintenir une administration rigide et souvent parcimonieuse. Le premier ministre comprend la situation alarmante des écoles normales et le 14 avril 1954, il porte, par l'arrêté en conseil n° 396, la subvention de base à 10 000 dollars, rétroactivement au 1er juillet 1953.

Durant toute cette période, certaines écoles normales présentent des conditions d'existence bien particulières qu'il peut être bon de rappeler. Deux écoles normales avaient été fondées pour régler les difficultés de l'école bilingue du comté de Pontiac. Il arrive que, à l'école normale de Chapeau, le gouvernement endosse les dépenses nécessaires à l'organisation ; pour celle de Fort-Coulonge, il débourse 36 000 dollars pour l'acquisition d'une vaste propriété dont la restauration coûte 43 315 dollars. En plus du coût d'achat et de restauration, il paye 6 663,84 dollars en ameublement et matériel puis il bâtit une école normale au prix de 211 223 dollars[5].

De petites écoles normales reçoivent aussi une subvention spéciale : 2000 dollars pour une inscription de vingt élèves et un octroi de 100 dollars pour les élèves surnuméraires. De même les externats-écoles normales sont soumis à des contrats spéciaux avec une subvention de 3000 dollars et leurs élèves peuvent profiter de bourses ou de prêts-bourses selon les besoins de leurs familles.

Au début des années 1950, Roland Vinette propose au surintendant un nouveau plan : on consentirait des prêts d'honneur dans des buts précis :

a) accorder une aide plus efficace,

b) encourager les études aux cours complémentaire et supérieur,

c) développer le sens des responsabilités,

d) favoriser le recrutement[6].

Cette innovation apparaît importante au point de vue monétaire, puisque l'élève peut ainsi apprendre à gérer efficacement les sommes que le gouvernement met à sa disposition et à prévoir comment il pourra les rembourser quand il sera sur le marché du travail.

Quant à la part allouée aux écoles normales, elle continue d'être minime ; nous pouvons le vérifier en nous référant au Tableau VI[7]. Le Département reçoit, en 1962, 23,40% du budget total de la province et en consacre à peine 2,25% à la formation des maîtres. Il est probable que si le gouvernement investit assez peu dans ce secteur, c'est parce que la moyenne de stabilité des enseignantes dans la carrière atteint à peine six ans.

Les subventions gouvernementales auraient donc eu peu d'incidence sur le développement accéléré des écoles normales de filles des dernières décennies, si les Communautés religieuses elles-mêmes n'avaient pas suppléé à leur insuffisance. Il est possible cependant qu'une telle situation ait affecté l'organisation de certaines écoles au moment des grandes réformes pédagogiques.

ORGANISATION PÉDAGOGIQUE

Le troisième programme de la formation des maîtres, publié en 1938, donne un accent particulier à la préparation professionnelle. Dorénavant, à part quelques exceptions prévues par la loi, toute jeune fille qui désire devenir institutrice doit s'inscrire à une école normale pour y poursuivre des études pendant deux ans. Cette nouvelle exigence et l'abolition du Bureau central entraînent une situation pédagogique spéciale qui prépare la venue d'un nouveau programme, celui de 1953.

Le procès-verbal du Comité catholique du 16 février 1942 indique quelques modifications mineures au troisième programme, modalités qui concernent la pédagogie, la morale, l'histoire, la géométrie, le chant et le solfège, l'hygiène et la culture physique. On limite les examens généraux à deux, de trois qu'ils étaient auparavant, et on note que pour l'obtention du diplôme les résultats de l'année devront compter dans la proportion de 50%. Il est enfin question d'examens uniformes sur les matières obligatoires dans les écoles normales de jeunes filles : la composition littéraire aux cours supérieur, complémentaire et élémentaire, l'arithmétique au cours élémentaire et la pédagogie aux cours complémentaire et supérieur.

Cette même année le rapport de la commission de coordination et d'examens provoque une réaction positive du Comité catholique quand il est question de la fréquentation scolaire obligatoire et de la réorganisation des programmes du primaire. On reconnaît enfin que l'école doit répondre aux besoins du milieu et aux aptitudes des enfants. Or, pour préparer les maîtres aux exigences d'un nouveau programme, des éducateurs engagés, Trefflé Boulanger et Roland Vinette, publient dans *L'Enseignement primaire* des articles sur la psychologie et la pédagogie. De plus, une session de perfectionnement permet aux futurs maîtres et au personnel des écoles normales, de se familiariser avec des méthodes nouvelles dues à l'évolution de la psychologie pédagogique. Le surintendant présente le nouveau programme des écoles élémentaires et explicite les buts poursuivis :

> L'insérer dans des cadres flexibles et mobiles pouvant se resserrer et s'élargir selon l'initiative des maîtres, les aptitudes des élèves et les besoins du milieu.
>
> . . . .
>
> Avoir recours aux méthodes actives qui laissent à l'enfant le libre jeu de ses facultés, favorisent le développement de ses dispositions naturelles et, de ce fait, rendent l'école plus attrayante[8].

L'application de ce nouveau programme des écoles élémentaires nécessite une transformation radicale du programme des écoles normales. Toutefois une certaine prudence freine des changements trop rapides comme l'indique le surintendant :

> Notre enseignement doit s'adapter aux conditions nouvelles sans s'écarter des principes fondamentaux. La tâche de ses dirigeants est immense, jamais achevée, et leur vigilance doit être de tous les instants si l'on veut faire échec aux fausses idéologies qui ne manquent pas de se répandre dans les époques troublées de l'histoire comme celle que nous traversons[9].

Les projets de programme se succèdent ; enfin le quatrième projet reçoit l'adhésion du Comité catholique, le 3 décembre 1952. L'esprit de ce nouveau programme se traduit dans les données générales qui l'accompagnent et son succès dépendra de l'application graduelle qui en sera faite.

Données générales du programme de 1953

Déjà en mai 1952 on adopte à l'unanimité certains points du programme : exigences plus grandes pour élever le niveau des études, appellation « première année d'école normale » réservée à la première année de formation professionnelle, certificat d'études de 11e année exigé pour l'admission en première année d'école normale.

Si le but essentiel de l'école normale est de préparer les futurs maîtres à l'exercice de leurs fonctions, par ailleurs, le programme élaboré avec soin suggère le choix de candidats sérieux qui auraient à la fois des chances raisonnables de succès et une saine influence sur les élèves. On exigera donc un test de personnalité pour s'assurer de l'équilibre de la candidate. Le besoin d'institutrices est si grand qu'on accepte même les externes qui donnent des garanties morales suffisantes.

Le programme vise aussi à compléter la culture de ceux et celles qui ne possèdent pas le niveau des connaissances exigées ou qui ne peuvent l'acquérir autrement. Son but porte surtout sur la formation professionnelle tout en favorisant le développement de l'équilibre personnel et religieux.

L'innovation la plus marquante se rapporte aux méthodologies des diverses matières des cours élémentaire, complémentaire et supérieur. Un auteur canadien, Roland Vinette, apporte les outils de travail nécessaires à l'application de ce programme.

Au programme nouveau succède une nomenclature nouvelle pour désigner les brevets accordés : le brevet « C » habilite à l'enseignement dans les classes élémentaires, le brevet « B » prépare aux deux premières années du cours secondaire et le brevet « A », aux trois dernières, les 10e, 11e et 12e années. Tandis que le brevet « D » obtenu après une 10e année et une année de formation professionnelle intensive est valide pour l'enseignement à l'élémentaire dans les limites du diocèse où il a été obtenu, le brevet « E » suffit dans certaines régions où se trouvent des institutrices non qualifiées et s'obtient après une 9e année et deux ans d'études. Enfin certaines écoles normales décernent des brevets spéciaux à des diplômées d'écoles professionnelles ou universitaires pour l'enseignement de certaines matières dans des classes indiquées sur le brevet.

Son application graduelle

Le nouveau programme apporte des changements non seulement dans l'appellation des brevets mais même dans l'organisation des écoles. Aussi la Commission des écoles normales recommande, en février 1953, que son application soit graduelle et que des congrès soient organisés pour fournir aux écoles normales les renseignements nécessaires. Il s'agit surtout d'assurer un passage sans heurt des brevets élémentaire, complémentaire et supérieur aux brevets « C », « B » et « A ».

En deux ans, les classes de 10e et de 11e dans les écoles normales disparaissent ; les derniers brevets élémentaires sont décernés en juin 1954, les brevets complémentaires en juin 1955 et les brevets supérieurs en juin 1956. Les premiers brevets « A » sont octroyés en 1954 à des bacheliers ès Arts qui ont le privilège d'une formation professionnelle en une année.

En septembre 1953, les nouvelles élèves sont classées selon leurs qualifications : celles qui possèdent une 11e année entrent en 1re année du brevet « A » pour y poursuivre un cours de quatre ans, ou encore entrent au cours complémentaire pour terminer l'année suivante avec un brevet supérieur ou tout simplement pour continuer en Belles-Lettres. Les anciennes élèves de la 1re année du cours élémentaire entrent en 2e année élémentaire ou poursuivent la 11e année en vue de préparer de nouveaux brevets tandis que les élèves du cours complémentaire optent pour le brevet supérieur.

L'amélioration du programme ajoute une espérance aux enseignants, qui peuvent accéder à un grade universitaire. L'entente signée le 15 mai 1957, entre les universités et les écoles normales, prévoit un baccalauréat en pédagogie pour les diplômées du brevet « A » des écoles normales, et le brevet « A » pour les étudiants des écoles universitaires de pédagogie. Tout de même, l'entente est bien particulière au Québec puisque les écoles normales demeurent sous la dépendance du Comité catholique. Un comité de régie, composé de membres venus des deux parties, prend les décisions au sujet des qualifications demandées.

On continue à organiser des congrès sur les questions les plus controversées ; c'est ainsi qu'en 1959, une conférence de M. Roland Vinette sur la méthodologie apporte une précision nécessaire : « La méthodologie n'est pas toute la pédagogie, s'il faut savoir enseigner, il n'est pas moins vrai qu'il faut connaître la matière à transmettre et le sujet à qui elle est destinée[10]. »

En 1960, on confie à la sous-commission des écoles normales une révision du programme de 1953 dans le but de mieux préparer les futurs professeurs du secondaire.

Approuvée le 13 septembre 1961, la nouvelle structure du brevet « A » consacre la quatrième année à la spécialisation, les deux premières étant axées sur la culture générale et la troisième, sur la formation pédagogique. Graduellement on met en application le programme révisé. Dans sa circulaire de présentation, le 11 juin 1962, le directeur général des écoles normales précise le caractère de la transformation apportée :

> La présente révision comporte principalement une redistribution des matières de formation professionnelle et non pas un véritable changement de programme. Elle tente d'adapter les programmes des écoles normales aux exigences actuelles de l'enseignement au cours secondaire en vue de répondre de façon immédiate aux besoins les plus urgents[11].

On peut dire que le programme de 1953 fait un grand pas dans l'adaptation aux nécessités de l'époque ; ses transformations se succéderont jusqu'à la fin de l'ère des écoles normales.

CONTRIBUTIONS ET INSUFFISANCES

Si pendant les périodes précédentes la situation pédagogique est marquée par un effort de suppléance face à une préparation académique insuffisante et par une formation professionnelle limitée par le court temps passé aux écoles normales, il n'en est plus ainsi dans cette période caractérisée par

une culture générale adaptée, si nécessaire au milieu rural ;

une préparation professionnelle plus poussée ;

une participation plus grande à des activités parascolaires.

Expériences heureuses

Tout en poursuivant la culture générale des élèves, les autorités des écoles normales n'oublient pas les directives précises du programme sur la nécessité d'une préparation à l'enseignement rural. En plus du programme d'agriculture, toutes les matières doivent concourir à l'éducation rurale : « la formation donnée dans nos écoles normales réorganisées tend à rendre les normaliennes aptes à enseigner dans les écoles de rang[12]. » Dans son *Rapport sur les écoles normales*, C.-J. Magnan mentionne au sujet de la formation rurale, les cercles de jeunes naturalistes, les conférences illustrées de l'abbé Tessier : « Les cours de couture, de tricot, de cuisine tendent à mettre dans l'âme des enfants de la campagne des habitudes de vie sobre et modeste et l'amour de la terre canadienne[13]. »

On essaie aussi de donner une formation intégrale aux normaliennes en ajoutant des cours de dessin dans le but de développer l'esprit d'observation et d'initiative, l'imagination et le jugement, d'épurer le goût et de discipliner les habitudes de méthode et de précision, d'affiner l'œil et d'assouplir la main. Il s'agit surtout d'entraîner l'élève-institutrice pour la rendre apte à éveiller le sens artistique des jeunes. Le directeur général de l'enseignement du dessin, M. Gérard Morisset, contribue pour une large part au progrès de cette discipline.

Les professeurs enseignent toutes les matières théoriques avec soin, le français particulièrement ; pourtant, on accorde une attention spéciale aux matières de la formation professionnelle :

> Pénétrées de l'esprit de ce nouveau programme, les maîtresses ont fait la part la plus large à la méthodologie

et à l'entraînement pratique des élèves. Les cours de psychologie appliquée à l'éducation — suivis avec un intérêt spécial — ont convaincu les élèves de la nécessité des connaissances générales pour soutenir et diriger leurs observations sur la nature des enfants qui leur seront confiés[14].

Dans toutes les écoles, les élèves assistent à des leçons modèles et s'entraînent à l'école d'application. On complète parfois l'entraînement par des exercices en classe où professeur et normaliennes apportent une critique à la leçon présentée.

La préparation intensive à l'enseignement ne suffit pas, les normaliennes doivent participer à des activités parascolaires dans le but de développer leur personnalité. Certaines activités existent depuis longtemps (1898-1939) : cercles pédagogiques, cercles du bon parler, où viennent s'ajouter d'autres centres d'intérêt notés par l'inspecteur à l'occasion de ses visites et rapportés au surintendant dans le rapport de l'année :

> [...] il y a dans les Écoles normales, concurremment aux études règlementaires, une foule d'activités non moins formatrices. Des conférences, des représentations cinématographiques, des concerts, des séances, des cercles d'étude, des soirées familiales, des concours de déclamation, des jeux en plein air ; certains congés et fêtes traditionnelles ajoutent, tour à tour, leur apport précieux pour donner aux élèves normaliennes la formation adéquate que l'Église et la Société sont en droit d'attendre des institutrices sorties des Écoles normales[15].

Dans certains milieux, on trouve même des coopératives et des caisses scolaires.

Problèmes particuliers

Le programme de 1938 provoque des initiatives propres à augmenter le rendement pédagogique des écoles normales. Que dire du petit nombre d'institutrices prêtes à l'enseignement ? Au cours des années 1940 et 1941, plusieurs écoles normales répondent aux besoins des milieux ruraux, mais le lancement des nouvelles candidates dans la carrière de l'enseignement requiert deux années de formation. Malheureusement quelques écoles normales donnent un faible rendement. La sous-commission des écoles normales se penche sur le problème et attribue cet état de choses à l'indigence des parents chargés de familles nombreuses. Exemple assez remarquable : dans une classe de normaliennes, 30 élèves appartiennent à 30 familles différentes qui totalisent 300 enfants ! Le travail du père de famille est également révélateur : cultivateurs, 7 ; journaliers, 4 ; charpentier, 1 ; sacristain, 1 ; ouvriers, 2 ; menuisier, 1, etc. La commission constate aussi le manque d'orientation vers les écoles normales et suggère une campagne de propagande, des bourses aux candidates qui possèdent les qualités requises et des primes aux institutrices munies de brevet complémentaire ou supérieur. Cependant la commission juge qu'il ne faut pas multiplier davantage les écoles normales.

M. Miller, inspecteur des écoles primaires rapporte à la réunion du Comité catholique de décembre 1941 que 289 écoles sont encore confiées à des institutrices non diplômées et 161 autres sont fermées à cause du manque d'institutrices. Comme remède, on propose : « Que les filles soient soumises à l'école normale après avoir obtenu un certificat de 11e année et qu'un brevet complémentaire leur soit accordé après une année d'études pédagogiques[16]. » On va même jusqu'à suggérer qu'un diplôme d'enseignement soit accordé après une dixième année. Pourtant, on ne peut vérifier ce manque d'institutrices par ce qu'en dit l'Association des institutrices :

[...] *La Petite Feuille*, organe de la Fédération des institutrices rurales, déclare qu'il y a dans la province plus d'un millier d'institutrices diplômées disposées à prendre l'enseignement moyennant un salaire raisonnable[17].

Jusqu'à ce jour, les diplômées des écoles normales savent que leur salaire sera identique, quel que soit le niveau de leur brevet :

> Ce qui est encore plus déprimant pour elles, c'est qu'elles voient leurs compagnes moins instruites, pour qui les parents ont fait moins de sacrifices, dont le dévouement n'est guère supérieur, gagner, dans les bureaux, dans les fabriques, ou en service dans les familles, un salaire deux fois et trois fois plus élevé que le leur[18].

La province en 1939-1940 compte 2500 diplômées d'écoles normales contre 7458 non-diplômées, c'est qu'une seule source, les écoles normales, alimente désormais la profession d'institutrice. Il faut donc leur assurer une clientèle qui réponde aux besoins des milieux éloignés, surtout ceux de l'Outaouais, du Saguenay et de la Gaspésie. Les bourses d'études plus nombreuses depuis 1941 et dotées d'un montant plus élevé, selon le diplôme à préparer, constituent un stimulant pour les étudiantes et une aide précieuse pour les familles en difficultés.

En accord avec les principaux d'écoles normales, les inspecteurs d'écoles suggèrent aussi un système de propagande :

> [...] que des réunions de commissaires d'écoles et de parents se tiennent dans le cours de l'année et que des conférenciers essaient de leur faire comprendre l'importance de l'éducation, la grandeur du rôle de l'institutrice de leurs enfants, et de les persuader qu'ils devraient mieux payer ses services[19].

Les efforts réussissent : les salaires augmentent graduellement ainsi que les inscriptions dans les écoles normales. Le Tableau VIII présente le nombre de diplômées de ces différentes années[20].

De 1940 à 1962, le nombre des diplômées passe de 915 à 5601. La baisse de 1955 est attribuable au changement de programme, changement radical dont nous avons parlé.

Vers les années 1960, un malaise persiste : les écoles normales de campagne éprouvent plus de difficultés à recruter des élèves que celles des villes. Une explication est possible : il y a peu d'écoles normales dans les villes comparativement à la population ; de plus l'exode vers la ville entraîne des jeunes filles que n'intéresse plus l'enseignement à la campagne.

Favorisées par un développement économique sans précédent et par un système scolaire particulièrement stable, les écoles normales de jeunes filles fondées de 1940 à 1962 se multiplient au rythme de deux par année dans les différentes régions rurales, urbaines et anglophones. Tous ces milieux peuvent enfin obtenir avec l'aide des évêques et des communautés enseignantes des institutrices issues du milieu même, préparées dans des écoles normales ou dans des externats-écoles normales adaptés aux besoins d'une population donnée. Les jeunes filles ainsi formées sont plus aptes à répondre aux attentes des élites du temps.

Le Bureau central supprimé, la préparation pédagogique dans une école normale devient obligatoire pour toutes les enseignantes. La venue d'un programme renouvelé, en 1953, permet les plus grandes espérances et répond aux exigences du primaire et du secondaire en introduisant la spécialisation aux différents stades de la formation professionnelle.

Pour résoudre le problème de l'orientation des jeunes filles vers la carrière de l'enseignement, le gouvernement accorde des bourses plus substantielles qu'aux périodes précédentes. Toutefois, le salaire des institutrices est un handicap et il n'atteindra une échelle convenable qu'après 1960, sous l'influence des associations d'enseignants et des commissions scolaires. Un fait demeure : la faible subvention accordée par le gouvernement aux écoles normales de filles provoque dans plusieurs endroits de graves problèmes solutionnés uniquement grâce à l'initiative et à la générosité du personnel des communautés féminines.

Le jour arrive enfin où toutes les écoles primaires peuvent être pourvues de titulaires compétents. C'est le résultat d'un siècle d'efforts dans les écoles normales du Québec. En plus de faciliter la fréquentation scolaire à tous les enfants, les écoles normales innovent en plusieurs domaines : admission après la onzième année, préparation échelonnée sur quatre ans, programme très amélioré, introduction de prêts-bourses aux étudiants. Malgré ce succès et ces améliorations, la révolution tranquille des années 1960 remettra en question toute la formation des maîtres.

Notes

1. Le nom « Mérici » a été employé à l'inauguration de la nouvelle école des Ursulines de Québec, le 18 juin 1931, par l'honorable Cyrille Delâge, surintendant de l'instruction publique. Voir « La nouvelle école des Ursulines de Québec », dans *EP*, vol. 33, n° 1, p. 21.

2. AQ, 03-09-27, A. MORISSET, *Arrêté en conseil*, 30 juillet 1952.

3. AQ, 11-21-09, Contrat de l'École normale de Lévis, 23 décembre 1941.

4. AQ, 03-09-27, Mgr Pelletier, Rapport : Subvention aux Écoles normales de filles, 31 octobre 1953.

5. AQ, 15-61-37, Roland VINETTE, Écoles normales, comté de Pontiac, 16 janvier 1956.

6. Roland VINETTE, Rapport du directeur général des Écoles normales, dans *RSIP*, 1952-53, p. 50.

7. Voir Tableau VI, Appendice, p. 221.

8. O.-J. Desaulniers, dans *RSIP*, 1947-48, p. xi.

9. *Ibid.*, 1952-53, p. ix.

10. *Congrès des Écoles normales*, 1er, 2 et 3 septembre 1959 « Discours de M. Vinette », p. 100.

11. *Circulaire E.N.*, 17-62 a, p. 2.

12. C.-J. MAGNAN, « Rapport de l'inspecteur général des Écoles normales catholiques », dans *RSIP*, 1938-39, p. 238-259.

13. *Ibid.*, p. 250.

14. *Ibid.*, p. 240.

15. J.-P. LABARRE, « Rapport du directeur général des Écoles normales » dans *RSIP*, 1948-49, p. 270.

16. *PVCCCIP*, (B.-O. FILTEAU), séance du 7 mai 1941, p. 20.

17. J.-P. LABARRE, « Rapport du directeur général des Écoles normales », dans *RSIP*, 1941-42, p. 239.

18. *Ibid.*, 1940-41, p. 285.

19. *Ibid.*, 1940-41, p. 286.

20. Voir Tableau VIII, Appendice, p. 223.

8
Fin des écoles normales de jeunes filles (1963-1974)

Établies en 1857 de façon permanente, les écoles normales du Québec ont préparé pour les écoles primaires, des milliers d'instituteurs et d'institutrices. C'est donc pendant plus d'un siècle que les écoles normales de filles se sont multipliées sous l'action du clergé, du peuple, du gouvernement et des communautés enseignantes de femmes. Dans son rapport de la Commission royale d'enquête sur les problèmes constitutionnels, Thomas Tremblay avait pu affirmer en 1956 : « Ces écoles [les écoles normales] administrées par le Département de l'Instruction publique, semblent du moins pour le moment, répondre au besoin[1]. »

Le directeur général des écoles normales, J.-W. Caron, au congrès du centenaire de ces écoles en mai 1957 évoque l'idée de leur fermeture éventuelle :

> Quand je songe, disait-il, que la disparition éventuelle de nos écoles normales pourrait entraîner à brève échéance la fermeture de nos écoles avec toute la répercussion dont la nation ressentirait nécessairement le contre-coup[2].

Pour M. Caron, cette éventualité semblait des plus malheureuses.

La Commission Parent créée par le gouvernement Lesage recommandait, en 1964, que la formation des maîtres soit désormais confiée aux universités. Cette date marque le déclin des écoles normales. En effet, de 1964 à 1974, toutes les écoles normales dont il a été question ici fermeront leurs portes les unes après les autres. Les élèves du brevet « A » peuvent recevoir leurs deux premières années de culture générale dans les Cégeps et leurs deux dernières, dans les universités ; il en sera ainsi pour tous les jeunes désireux d'entreprendre des études pédagogiques.

Grâce au ministère de l'Éducation et aux archives des communautés intéressées, nous avons pu reconstituer certains événements relatifs aux efforts déployés à la fois par la Fédération des Écoles normales pour maintenir ou regrouper les institutions de formation des maîtres et par le gouvernement pour exécuter la recommandation du Rapport Parent. En transférant la formation des maîtres aux universités, le gouvernement obligeait les écoles normales à fermer leurs portes.

DERNIERS EFFORTS D'ADAPTATION

Malgré des pronostics défavorables aux écoles normales, les transformations du programme de 1953 amorcées en 1962 se prolongent encore quelques années. Ainsi on ajoute en 1963 des programmes spéciaux pour la préparation de brevets spécialisés et de certificats d'enseignement.

Dès le 8 juin 1964, les forces vives des écoles normales se regroupent en Fédération des Écoles normales qui se préoccupe de l'amélioration des programmes, des méthodes d'enseignement, des modes d'examens et des divers moyens d'éducation ; aussi pour répondre à l'attente du personnel des écoles normales, la fédération s'efforce-t-elle d'assurer la collaboration de toutes les personnes liées à la vie des écoles normales : directeurs, professeurs et élèves.

La Commission des écoles normales organise encore des congrès dont quelques-uns indiquent de nouvelles orientations, par exemple « Le travail personnel dans la formation des maîtres ». Un collaborateur du congrès, Paul-Émile Drolet, directeur adjoint des écoles normales, rappelle que l'outil principal de la formation est le programme d'études mis en application par un personnel compétent avec la coopération d'étudiants désireux « d'être les propres artisans de leur formation et de leur préparation professionnelle[3] ». On insiste sur le « travail personnel » qui devient le thème principal pendant une semaine d'études organisée par le fédération du 10 au 14 août de la même année. En janvier, la fédération offre au ministère de l'Éducation de préparer et de réaliser le regroupement des écoles normales mais elle ne reçoit aucune réponse, sans doute parce que le ministère prépare d'autres plans. Rencontres et congrès se multiplient et en 1965, quelques spécialistes français en collaboration avec la fédération, étudient le problème de la formation des maîtres et conseillent la prudence. Un échange s'établit et des professeurs d'écoles normales font un stage en France et constatent que tout n'est pas à condamner dans le système du Québec, sauf que les futurs maîtres français du secondaire sont des licenciés.

Le nouveau plan d'études de 1967 propose l'augmentation du temps consacré aux stages afin d'améliorer la formation pratique des futurs maîtres. C'est à ce moment qu'apparaissent les consortiums où se regroupent les écoles normales de jeunes gens et de jeunes filles.

Malgré les efforts d'adaptation et les travaux de la Fédération des Écoles normales, l'un des membres de la Commission Parent, Guy Rocher, est explicite quant à la fermeture des écoles normales :

> Il faudrait avoir le courage d'éliminer les écoles normales le plus rapidement possible et de transférer aux universités la responsabilité et les moyens de donner la formation aux futurs enseignants[4].

Il s'en trouve toutefois qui doutent de la valeur de la formation des maîtres dans les universités. Roland Lussier réplique à Guy Rocher :

> Je lui suggère plutôt de demander aux universités qui se sont empressées d'accepter la responsabilité de former les maîtres si elles sont prêtes à consentir les réaménagements de structures et d'administration qui feront sauter les murs de plusieurs bastions à l'intérieur de la forteresse[5].

Un dernier geste est posé en 1968 pour ajuster le contenu de la spécialisation académique au niveau secondaire : à cet effet, deux cahiers regroupent dix-sept matières de spécialisation dont l'une en sciences familiales. Cet effort n'empêche pas l'ouverture de l'Université du Québec principalement destinée à préparer la relève des écoles normales.

INTERVENTIONS DU GOUVERNEMENT

Pour le gouvernement, la réforme de la formation des maîtres entre dans le cadre général de la réorganisation de l'enseignement à tous les niveaux. Avant d'accepter ou de rejeter les recommandations du Rapport Parent, le ministre de l'Éducation rassure les étudiants aussi bien que les directeurs et les professeurs des écoles normales,

> [...] la mise en application des principales recommandations de la Commission Parent, dans le domaine de la formation des maîtres, devra se faire selon des étapes bien déterminées et avec la plus grande souplesse possible, de façon à assurer la continuité dans le recrutement et la formation des futurs maîtres[6].

La première étape commence en février 1965 par la création du Comité de planification de la formation des maîtres dont le rôle principal consiste à rechercher les moyens les plus adéquats pour assurer la formation et le perfectionnement des maîtres. Un peu plus tard, le 18 mars 1966, une déclaration du ministre concerne directement les écoles normales :

> [...] l'avenir des écoles normales ne doit pas être mis en doute, [...] les écoles normales ne seront pas remplacées, mais transformées, étape par étape, pour que leur corps professoral et leurs actifs physiques et culturels puissent être pleinement mis à profit dans un cadre nouveau [...] au niveau pré-universitaire[7].

Les travaux du Comité de planification donnent naissance au document du Règlement n° 4 qui sera approuvé le 30 mars 1966. Ce document détermine d'abord les exigences de l'admission à la carrière d'enseignant : une treizième année est obligatoire avant la formation elle-même qui comprend trente crédits de pédagogie théorique et pratique. De plus on établit une distinction très nette entre le diplôme et le permis d'enseignement ; à cette fin, les candidats à l'enseignement doivent se soumettre au régime de probation. Un comité spécial conseille le ministre dans toutes les matières qui se rapportent à la formation et à la certification des maîtres ; ses recommandations semblent avoir inspiré le ministère dans l'élaboration du système actuel de probation des enseignants.

Quelques modifications importantes dans les structures du ministère de l'Éducation entraînent en novembre 1966, la création de la Direction générale de la formation des maîtres. Son mandat porte sur la gestion des écoles normales d'État, tant au point de vue administratif que pédagogique. Quant aux écoles normales privées de jeunes filles, elles sont contrôlées uniquement au point de vue pédagogique. Le comité travaille donc au réaménagement des écoles normales et à l'intégration de la formation des maîtres à l'enseignement supérieur.

Une mission de coordination des institutions de formation des maîtres se charge en juin 1968 de conseiller le ministre au sujet de l'intégration des écoles normales aux universités ou aux collèges d'enseignement général et professionnel. Après une tournée d'information et de consultation, la mission remet au ministre, en février 1969, le rapport sur la coordination des institutions francophones ; au mois d'avril, suit la deuxième partie du rapport sur le secteur anglophone. Entre temps, un colloque provincial réunit tous ceux que peut intéresser l'« avenir de la formation des maîtres au Québec ». Ce colloque important quant au nombre de participants, rapporte au gouvernement peu d'éléments utiles pour la révision et l'application de ses politiques en matière de formation des maîtres.

Le ministre de l'Éducation annonce en avril 1969, que les universités prennent en charge la formation des maîtres et que les écoles normales encore existantes ne seront maintenues que pour conduire au terme de leurs programmes d'études les étudiants déjà inscrits. Dès septembre de la même année, le système de probation entre en vigueur.

En plus de répondre aux recommandations du Rapport Parent, la décision semble correspondre assez bien au désir d'un grand nombre de professeurs désireux d'accéder à un statut professionnel presque à l'égal de celui du médecin, comme l'exprime le directeur de la formation des maîtres : « il est tout aussi important et difficile de faire des hommes que de guérir des membres malades ou des organes détraqués[8]. »

FERMETURE DES ÉCOLES NORMALES DE FILLES

Retracer les sources qui établissent la chronologie de la disparition des écoles normales n'est pas facile. Le passage du département au ministère de l'Instruction publique occasionna des pertes de documents qui nous obligèrent à recourir aux rapports des principaux d'écoles normales, à ceux du ministre, à celui de la mission de coordination des institutions de formation des maîtres ainsi qu'à l'annuaire des écoles normales et à certaines archives de communautés enseignantes. Ce qui surprend à première vue, c'est la rapidité avec laquelle disparaissent certaines écoles normales. L'école normale de Fort-Coulonge qui groupe quarante-cinq élèves inscrites au brevet « B » est la première à fermer ses portes. Suivent de près d'autres petites écoles normales également vouées à la préparation des institutrices de niveau « B » : l'école normale de Saint-Léonard-d'Aston en 1964 et celles de Mégantic, de Victoriaville, de Rigaud, de Mont-Laurier, de Dorval, de Saint-André-Avellin, de Senneterre et de Ville-Marie en 1965. Comment expliquer ce fait ? Est-ce dû au jugement des inspecteurs qui évaluent les petites écoles normales ? Tant que demeure au poste le surintendant de l'instruction publique, une attention spéciale est accordée à ces écoles normales. Aussi, l'institution du ministère de l'Éducation provoque de sérieuses craintes, comme l'écrit une ancienne directrice : « Le Bill 60 a donné le coup de mort aux petites écoles normales[9]. » Cette impression rejoint assez bien les faits illustrés au Tableau IX[10]. Mais c'est probablement les changements apportés au système de subvention qui contribuent davantage à la disparition des petites écoles normales de filles :

> Le Ministère de l'Éducation annonçait tout récemment des changements importants dans le mode de financement des écoles normales indépendantes. Ces modifications amélioreront sans aucun doute la situation financière de la grande majorité de ces écoles, mais dans le cas des petites institutions comme la nôtre, il devient impossible d'éviter un déficit relativement élevé, même en haussant considérablement les frais de scolarité[11].

Un autre fait, celui d'une décision rapide de regrouper des écoles normales dans la région de Saguenay-Lac-Saint-Jean contribuera sans doute à accélérer le mouvement de fermeture. Le gouvernement ne suggère-t-il pas un certain regroupement pour assurer une meilleure formation ? Alors qu'une recommandation émise par le comité provisoire des admissions exige de « regrouper le plus d'écoles normales possible, mais en gardant des écoles normales dans les endroits éloignés[12] », le comité régional de Saguenay-Lac-Saint-Jean prend la décision suivante pour l'année académique 1967-68 : brevet « A » à l'école normale d'État ; brevet « B » aux écoles normales de Roberval, de Dolbeau et de Chicoutimi. L'année suivante, seul demeure le centre de Chicoutimi alors que la Fédération des enseignants et les directeurs généraux s'objectent au sous-centre de Roberval.

De même la région de l'Outaouais ne tarde pas à s'organiser ainsi que celle de Rimouski. Les écoles normales travaillent d'abord en consortiums puis cèdent la place aux succursales de l'université du Québec légalement constituée le 18 décembre 1968.

Un problème particulier frappe l'école normale des jeunes filles de Sherbrooke. Une baisse d'inscriptions se fait sentir chez les Filles de la Charité du Sacré-Cœur parce que l'école normale d'État accueille les élèves des deux sexes. De plus, les frais de scolarité sont très différents : 100 dollars au secteur public contre 450 au secteur privé. Enfin, l'ouverture du Cégep permet aux jeunes filles de recevoir l'équivalent des cours des deux premières années du brevet « A » alors que l'université peut éventuellement les accepter pour les deux dernières années. Bien que l'école normale soit nouvellement bâtie et très bien pourvue, elle doit en 1969, se chercher une nouvelle orientation.

Dans la région de Montréal les dernières écoles normales ferment leurs portes également en 1969 ; il en est de même pour la plupart des écoles normales du Montréal métropolitain. L'on peut supposer que le facteur « dénatalité » commence à jouer sur la clientèle scolaire puisque les religieuses de l'école normale de Saint-Lambert pressentent déjà ce phénomène démographique : « (il) entraînera un surplus de professeurs ; ce surplus de professeurs conduira à des exigences plus grandes pour les futurs maîtres et diminuera le nombre de centres de formation[13]. »

Quelques écoles normales des centres ruraux ou éloignés offrent leurs services jusqu'en 1971 et 1972 ; c'est le cas à Gaspé, à Saint-Damien, à Pont-Rouge et à Thetford. Il en est de même dans les grandes villes, par exemple à l'école normale de Mérici à Québec, à celle de Saint-Lambert sur la rive sud et à l'école normale Cardinal-Léger à Montréal. L'Institut pédagogique est la dernière école normale de jeunes filles à présenter des élèves au Brevet « A » en 1974.

Qu'advient-il de toutes ces institutions ? Certaines écoles normales deviennent des collèges privés, d'autres sont acquises par les commissions scolaires régionales qui les transforment en écoles secondaires polyvalentes, enfin un petit nombre demeurent des institutions indépendantes de niveau secondaire. Peu à peu, la formation des maîtres devient le ressort exclusif des universités Laval, de Montréal, de Sherbrooke et du Québec.

Les efforts déployés par la Fédération des écoles normales pour adapter la formation des maîtres aux besoins de l'époque n'empêchèrent pas le ministère de l'Éducation d'opérer par étapes le transfert de la formation des maîtres aux universités.

Un siècle avait été nécessaire pour édifier une œuvre qui disparaissait en quelques années ; de soixante-douze écoles normales de filles en 1963, il n'en reste qu'une en 1972 et elle terminera sa mission en 1974. On retrouvera au Tableau IX, en appendice, la chronologie de fermeture de toutes ces écoles normales, de 1963 à 1974, telle qu'elle a pu être établie à l'aide de diverses sources.

Notes

1. Thomas TREMBLAY, *Rapport de la Commission royale d'enquête sur les problèmes constitutionnels*, vol. III, tome 1. p. 206.

2. J.-Wilfrid CARON, *Ouverture du Congrès du centenaire des Écoles normales*, 14 mai, 1957, p. 10.

3. P.-E. DROLET, *Congrès des Écoles normales, 22 au 25 mars 1964*, p. 9.

4. Guy ROCHER, « Il faut faire sauter les écoles normales », dans *Le Petit Journal*, 22 janvier 1967, p. 4.

5. Robert LUSSIER, « Moins dans les livres, plus dans la vie », dans *L'Enseignement*, 1er février 1967, p. 2.

6. *Hebdo-Éducation*, 11 décembre 1964, vol. 1, n° 31, p. 143.

7. *Ibid.* , 18 mars 1966, vol. 2, n° 43, p. 295.

8. P.-Y. PARADIS, « La formation des maîtres et l'Université », dans *Hebdo-Éducation*, 3 mars 1967, vol. 3, n° 27, p. 189.

9. Archives du Couvent des Sœurs des Sacrés-Cœurs, Senneterre, Mère Agnès-de-la-Présentation, L'École normale des Sacrés-Cœurs de Senneterre, 1973.

10. Voir le Tableau IX, Appendice, p. 227-229.

11. Archives de la Maison mère des Sœurs des Saints-Noms de Jésus et de Marie, Montréal. Notes tirées des Chroniques de l'École normale Marie-Rose de Disraéli, 1973.

12. Archives de la Maison généralice des Sœurs du Bon-Pasteur, Québec, Comité régional des admissions, 4 mars 1968.

13. Archives de la Maison mère des Sœurs des Saints-Noms de Jésus et de Marie, Montréal. Notes tirées des Chroniques de l'École normale de Saint-Lambert, 1973.

Conclusion

L'évolution des écoles normales de jeunes filles s'a-
chève donc avec les années 1960, à l'avènement de ce
qu'on a appelé « la révolution tranquille » du Québec. En
effet, la fermeture de ces écoles entre 1963 et 1974 marque la fin d'une époque, celle d'une alliance « de fait »
entre l'Église et l'État, une période où l'Église a contrôlé
les institutions de bienfaisance sociale et les institutions
scolaires par l'intermédiaire du clergé et des communautés
religieuses d'hommes et de femmes. Cette époque révolue
a-t-elle joué un rôle de catalyseur dans le développement
socio-économique du Québec? Cette hypothèse reste à
prouver.

Au-delà du climat clérical qui a régné dans notre
pays comme dans beaucoup d'autres, il serait aussi possible d'analyser cette époque antérieure à 1960 dans l'opti-
que du développement d'un pays en train de se bâtir. On
peut même se demander si le Québec et le Canada ont
définitivement surmonté leur passé colonial alors que la
constitution canadienne reste encore à rapatrier de Londres.

Dans ce contexte historique, l'évolution des écoles
normales de jeunes filles au Québec depuis le XIXᵉ siècle
jusqu'au milieu du XXᵉ est solidaire non seulement de

l'atmosphère religieuse, mais aussi des conditions socio-économiques, politiques et démographiques de cette époque. Grâce à l'établissement d'institutions appropriées au Québec, la qualité de la formation des maîtres s'est améliorée notablement ; elle a correspondu à un lent processus qui a suivi la courbe sinueuse du développement d'ensemble de la société québécoise.

Pourquoi en 1962 se retrouve-t-on avec soixante-douze écoles normales de jeunes filles, dispersées à travers la province ? Au fond, est-ce le résultat d'un contrôle rétrograde de l'Église sur l'institution scolaire ou celui d'un effort patient et de longue haleine, d'un geste de suppléance dans une société qui aboutit lentement à la différenciation sociale et au plein essor économique et politique.

L'ouverture d'écoles normales provisoires coïncide en effet avec le bouleversement politique des années 1837-1838. Il fallut attendre vingt ans la fondation de la première école normale permanente pour jeunes filles, école qui demeura la seule responsable de la formation professionnelle des institutrices jusqu'en 1899. C'est alors que débute une période d'expansion sous l'influence des évêques qui, en suivant l'augmentation démographique et la migration interne des populations, établissent de nouveaux diocèses et contribuent ainsi au démarrage des institutions scolaires dans les territoires nouvellement colonisés.

La période de guerre et d'après-guerre où l'industrialisation et l'urbanisation s'amplifient, où la scolarisation s'universalise, entraîne un impérieux besoin de multiples centres pédagogiques à travers toute la province. Le personnel religieux réagit efficacement : les établissements se transforment et préparent des maîtres dont la valeur et la quantité sont en harmonie avec les besoins de l'époque. Enfin une dernière période clôture l'histoire des écoles normales, c'est celle des années 60 ; l'on réexamine à fond la question scolaire à la lumière des nouvelles réalités sociales. L'Église, non sans regret, cède son monopole séculaire et l'État reprend ses droits et ses responsabilités en établissant un ministère de l'Éducation.

Les écoles normales fondées et soutenues par l'Église sont du passé, l'État québécois peut maintenant se payer le luxe de former ses maîtres à l'université.

Bibliographie [1]

I – SOURCES

1. Manuscrites

Archives des Communautés religieuses enseignantes :

Ursulines, au Vieux Monastère de Québec.

Congrégation de Notre-Dame, Maison généralice, Montréal.

Sœurs des Saints-Noms de Jésus et de Marie, Maison mère, Montréal.

Sœurs de Sainte-Croix, Maison mère, Montréal.

Sœurs de la Charité de Québec, Maison généralice, Québec.

Sœurs du Bon-Pasteur, Maison généralice, Québec.

Sœurs de l'Assomption de la Sainte-Vierge, Maison mère Nicolet.

Sœurs du Saint-Rosaire, Maison mère, Rimouski.

---

1. Bibliographie non exhaustive, mais plutôt sélective.

Petites Franciscaines de Marie, Maison mère, Baie-Saint-Paul.

Sœurs de Notre-Dame du Perpétuel-Secours, Maison mère, Saint-Damien de Bellechasse.

Sœurs Servantes du Saint-Cœur de Marie, Maison provinciale, Québec.

***Archives du ministère de l'Éducation
de la province de Québec :***

correspondance du Surintendant de l'instruction publique.

Archives du Petit Séminaire de Québec :

Fonds Verreau.

Fonds Viger-Verreau.

2. Imprimées

Archives de la bibliothèque nationale, Ottawa.

Archives nationales du Québec.

Archives de la bibliothèque de l'Assemblée législative.

Archives de l'Université Laval.

Archives des autres Communautés religieuses concernées :

Sœurs Grises de Montréal, Maison généralice, Montréal.

Sœurs de la Providence, Maison mère, Montréal.

Sœurs de la Charité d'Ottawa, Maison mère, Ottawa.

Sœurs de Sainte-Anne, Maison mère, Lachine.

Sœurs de la Présentation de Marie, Maison mère, Saint-Hyacinthe.

Sœurs de Jésus-Marie, École Jésus-Marie, Beauce-ville.

Sœurs de Saint-Joseph de Saint-Hyacinthe, Maison mère, Saint-Hyacinthe.

Filles de la Sagesse, Maison provinciale, Montréal.

Sœurs de Notre-Dame-du-Bon-Conseil, Maison mère, Chicoutimi.

Sœurs de la Charité de Saint-Louis, Maison provinciale, Bienville.

Filles de Jésus, Maison provinciale, Trois-Rivières.

Sœurs de Saint-François-d'Assise, Maison provinciale, Charlesbourg.

Sœurs de Saint-Joseph, Maison mère, Pembroke.

Filles de la Charité du Sacré-Cœur-de-Jésus, Maison provinciale, Sherbrooke.

Sœurs des Sacrés-Cœurs de Jésus et de Marie, Maison provinciale, Amos.

Sœurs de l'Enfant-Jésus, Maison provinciale, Rivière-du-Loup.

Sœurs de Saint-Paul-de-Chartres, Maison provinciale, Sainte-Anne-des-Monts.

Publications gouvernementales :

Annuaire du Canada.

Annuaire statistique de la province de Québec.

Code scolaire de la province de Québec, éditions de 1899, 1912, 1919, 1927, 1938, 1940, 1950.

Discours sur le budget.

Journaux de la Chambre d'assemblée du Bas-Canada, 1841-67.

Journaux de la Chambre d'assemblée de la province de Québec, 1867-1962.

Procès-verbaux du Conseil de l'instruction publique, 1860-1908.

Procès-verbaux du Comité catholique du Conseil de l'instruction publique, 1875-1962.

Rapports annuels du surintendant de l'Éducation pour le Bas-Canada, 1842-67.

Rapports du ministre de l'Instruction publique, 1867-76, 1965-74.

Rapports du surintendant de l'Instruction publique, 1876-1962.

Recensements du Canada, 1851-1961.

Règlements du Comité catholique, éditions de 1888, 1922, 1938, 1940, 1950.

Rapports de l'archiviste de la province de Québec, 1920-62.

Rapport de la Commission royale d'enquête sur l'enseignement dans la province de Québec, 1964.

Statistique de l'enseignement, 1914-15 à 1944-1945.

Statuts provinciaux du Bas-Canada, 1801-1841.

Statuts du Canada, 1841-1867.

Statuts de la province de Québec, 1868-1962.

II – JOURNAUX ET REVUES

Annuaire de l'École normale Laval, 1895-1897, 1905-1911 et 1912-1938.

Hebdo-Éducation, 1964-1972.

Journal de l'éducation, 1881.

L'Enseignement primaire, 1re série : 1880-1937 ; 2e série : 1937-1941 ; 3e série : 1941-1956.

L'Instruction publique, 1956-1964.

Le Journal de l'instruction publique, 1857-1898 ; (57-79, 81-84, 86-98).

III – OUVRAGES GÉNÉRAUX

Allen, Patrick, « Tendance des professions au Canada », de 1891 à 1961 », dans *L'Actualité économique*, vol. 41, avril-juin 1965, p. 49-99.

Audet, Louis-Philippe, *Histoire de l'enseignement au Québec*, Montréal, Holt, Rinehart et Winston, 1971, t. 1, 432 p. et t. 2, 496 p.

—, *La querelle de l'instruction obligatoire*, Montréal, Éditions des Dix, 1959, p. 131-150.

—, *Le Système scolaire de la province de Québec*, Québec, Éditions de l'Érable, tome 1 : *Aperçu général*, 1950, 345 p. , tome VI, *La situation scolaire à la veille de l'Union*, 1836-1840, 1956, 353 p.

201

Audet, Louis-Philippe et Armand Gauthier, *Le système scolaire du Québec, organisation et fonctionnement*, Montréal, Beauchemin, 2e éd., 1969, 286 p.

Bertrand, Réal, *L'école normale Laval. Un siècle d'histoire*, Québec, 1958, 51 p.

Bouchard, Télesphore-Damien, *L'instruction obligatoire*, Saint-Hyacinthe, Imprimerie d'Yamaska, 1912, 35 p.

Bousquet, Élisabeth, *La formation des maîtres avant 1857*, thèse manuscrite de doctorat présentée à la Faculté des sciences de l'éducation, Université de Montréal, 1969, 373 p.

Carter, Emmett, *The Catholic Schools of Quebec*, Toronto and Montreal, Gage, 1957, 128 p.

Casgrain, Philippe-Baby, *La Vie de Joseph-François Perrault, surnommé le père de l'éducation du peuple canadien*, Québec, Darveau, 1898, 176 p.

Chabot, Richard, *Le curé de campagne et la contestation locale au Québec de 1791 aux troubles de 1837-1838*, Montréal, Hurtubise HMH, 1975, 242 p.

Chauveau, P.-J.-O., *L'instruction publique au Canada*, Québec, Côté, 1876, 366 p.

Comeau, Robert, rédacteur, *Économie Québécoise*, Montréal, Imprimerie Jacques Cartier, 1969, 495 p.

Concilia Provinciae Quebecensis I, II, III, IV, in *Quebencensi civitatae*, Quebeci, Delisle, 1870, 320 p.

Desrosiers, Adélard, *Les Écoles normales primaires de la province de Québec et leurs œuvres complémentaires*, Montréal, Arbour et Dupont, 1909, 390 p.

___ , *Le Monument Verreau,* Montréal, (pas d'éditeur), 1929, 117 p.

Dumais, Mario, « L'Évolution économique du Québec, 1940-1965 », dans *Économie québécoise,* p. 219-231.

Gosselin, Mgr Auguste, « L'abbé Holmes et l'instruction publique », dans *Mémoires de la Société Royale du Canada, tome 1,* section 1, 1907, tiré à part, p. 127-173.

Galarneau, Claude, *Les collèges classiques au Canada français,* Montréal, Fides, 1978, 287 p.

Groulx, Lionel, *L'enseignement français au Canada,* Montréal, Granger & Frères, vol. 1, 1934, 327 p.

Hamelin, Jean, *et al., Histoire du Québec,* Saint-Hyacinthe, Edisem, 1976, 538 p.

___ et Yves Roby, *Histoire économique du Québec, 1851-1896,* Montréal, Fides, 1971, 436 p.

Jolois, J.-J., *Joseph-François Perrault (1753-1844) et les origines de l'enseignement laïque au Bas-Canada,* Montréal, PUM, 1969, 268 p.

Labarrère-Paulé, André, *Les instituteurs laïques au Canada-français : 1836-1900,* thèse de doctorat présentée à l'Université Laval, 1965, 471 p.

Lajeunesse, Marcel, *L'éducation au Québec,* Trois-Rivières, Bien public, 1971, 145 p.

Larkin, William et Patrick Allen, *Tendances occupationnelles au Canada,* Montréal, Service de documentation économique, HEC, 1951, 54 p.

Lessard, Victrice, *L'instruction obligatoire,* thèse de doctorat présentée à l'Université d'Ottawa, 1962, 279 p.

Létourneau, Jeannette, *Évaluation par des maîtres, de la formation professionnelle reçue aux Écoles normales du Québec, selon le programme du Brevet « A »*, thèse de licence présentée à l'Université Laval, 1966, 190 p.

Magnan, C.-J. , *À propos d'instruction obligatoire*, Québec, L'Action sociale, 1919, 120 p.

Meilleur, Jean-Baptiste, *Mémorial de l'Éducation dans le Bas-Canada*, Montréal, Rolland et Fils, 1860, 389 p.

Minville, Esdras, *L'agriculture*, Montréal, Fides, 1943, 555 p.

Ouellet, Fernand, *Histoire économique et sociale du Québec, 1760-1850*, Montréal, Fides, 1966, xxxii-639 p.

Paquet, Gilles, « L'émigration des Canadiens-français vers la Nouvelle-Angleterre, 1870-1910 : prise de vue quantitative », dans *Recherches sociographiques*, vol. 5, n⁰ 3, sept.-déc. 1964, p. 319-370.

Piquette, Roland, *Les programmes de formation des maîtres dans les écoles normales françaises du Québec (1857-1970)*, thèse de doctorat présentée à l'Université de Montréal, 1973, 480 p.

Raynauld, André, *Croissance et structure économique de la province de Québec*, Québec, Ministère de l'Industrie et du Commerce, 1961, 657 p.

Rivard, Jean-Yves, *La politique nationale et le développement industriel du Québec, 1870-1910*, thèse de maîtrise en économique, Université de Montréal, 1957, 108 p.

Ross, François-Xavier, *Pédagogie théorique et pratique adaptée au nouveau programme*, 7e édition, Québec, Charrier et Dugal, 1952, 513 p.

Rouleau, Th. G., Notice sur l'École normale Laval, AVMUQ.

Sa Sainteté Pie XI, « Encyclique : *Divini illius Magestri* », 31 décembre 1929, dans *Les Enseignements pontificaux, L'Éducation*, Bruxelles, Desclée, 1960, n° 267, p. 196-247.

Vattier, Georges, *Esquisse historique de la colonisation de la Province de Québec (1608-1925)*, Paris, Librairie Ancienne Honoré Champion, 1928, 128 p.

Vaugeois, Denis, J. Provencher et Jacques Lacourcière, *Canada-Québec, synthèse historique*, Montréal, Les Éditions du Renouveau pédagogique, 1970, 619 p.

Vinette, Roland, *Pédagogie générale*, Montréal, Centre de Psychologie et de Pédagogie, 1948, 410 p.

__ , *Méthodologie spéciale*, Montréal, Centre de Psychologie et de Pédagogie, 1950, 783 p.

Voisine, Nive, *Histoire de l'Église catholique au Québec (1608-1970)*, Montréal, Fides, 1971, 112 p.

Album-souvenir : centenaire de l'École Normale Laval, Québec, Le Soleil, 1957, 104 p.

Souvenir décennal de l'École normale Laval, 1857-1867, Québec, Darveau, 1867, 74 p.

Appendice

TABLEAUX ET CARTE

TABLEAU I. – ÉCOLES NORMALES DE JEUNES FILLES AU QUÉBEC, CLASSÉES SELON LA DATE DES ARRÊTÉS MINISTÉRIELS : 1857-1962

Année de fondation	École normale	Arrêté ministériel	
		date	numéro
1857	Laval (filles)	25 août 1857	
1899	Montréal (filles)	9 juin 1899	246
1906	Rimouski	3 mai 1906	217
1907	Chicoutimi	30 septembre 1907	696
1908	Trois-Rivières	30 septembre 1907	696
1908	Nicolet	18 décembre 1907	897
1908	Hull	6 mai 1908	347
1908	Valleyfield	14 août 1908	619
1912	Saint-Hyacinthe (M.-R.)	5 janvier 1911	8
1912	Joliette	16 février 1911	101
1913	Saint-Pascal	27 juin 1913	790
1922	Sherbrooke	22 juin 1916	699
1923	Beauceville	13 avril 1922	634
1923	Saint-Jérôme	13 avril 1923	635
1924	Gaspé	23 avril 1924	194
1925	Roberval	30 avril 1925	5928
1927	Mont-Laurier	27 janvier 1926	119
1931	Ville-Marie	21 février 1930	194
1935	Sainte-Ursule	19 septembre 1935	2650
1936	Saint-Jean de Québec	27 février 1936	557
1936	Baie-Saint-Paul	16 octobre 1936	2805
1938	Havre-aux-Maisons	16 octobre 1936	2809
1940	Amos	29 décembre 1939	3299
1940	Chapeau	7 mars 1940	1121
1940	Sainte-Rose-du-Dégelis	3 avril 1940	1415
1940	Havre-Saint-Pierre	4 octobre 1940	3593
1941	Lévis	29 mai 1941	1659
1941	Saint-Damien	29 mai 1941	1361
1941	Saint-Hyacinthe	29 mai 1941	1362
1941	Saint-Léonard d'Aston	29 mai 1941	1963
1942	Sherbrooke-Est	17 juin 1942	1470
1942	Mont-Joli	7 juillet 1942	1687
1944	Thetford Mines	20 avril 1944	1309
1945	L'Islet	16 juin 1944	2096
1945	Cap-de-la-Madeleine	27 avril 1945	1559
1945	Sainte-Anne-des-Monts	21 novembre 1946	4807
1946	Pont-Rouge	5 juin 1946	2201

TABLEAU I. — SUITE

Année de fondation	École normale	Arrêté ministériel	
		date	numéro
1946	Saint-André-Avellin	12 juin 1946	2319
1947	Amqui	17 juillet 1947	1164
1947	Matane	17 juillet 1947	1164
1947	Saint-Lambert	17 juillet 1947	1164
1947	Carleton	20 août 1947	1357
1947	Hauterive	20 août 1947	1357
1947	Rigaud	20 août 1947	1357
1947	Chicoutimi	18 septembre 1947	1527
1952	Ignace-Bourget	23 avril 1952	441
1952	Dolbeau	30 juillet 1952	808
1953	Institut pédagogique	11 juin 1953	703
1954	Victoriaville	2 juin 1954	572
1955	Cardinal-Léger	12 janvier 1955	60
1955	Drummondville	17 mars 1955	284
1955	Fort-Coulonge	17 mars 1955	284
1955	St. Joseph College	8 juin 1955	640
1955	Shawinigan	6 juillet 1955	730
1955	Saint-Joseph-d'Alma	6 juillet 1955	730
1956	Disraéli	25 avril 1956	434
1956	Granby	25 avril 1956	434
1956	Senneterre	25 avril 1956	434
1956	Limoilou (Québec)	1er août 1956	784
1957	Coaticook	18 janvier 1957	49
1957	Sainte-Marie-des-Anges (Montréal)	12 juin 1957	607
1958	Notre-Dame (Québec)	4 juin 1958	604
1958	Rouyn-Noranda	24 juillet 1958	775
1959	Saint-Joseph-de-Sorel	25 juin 1959	660
1959	Lac Mégantic	19 août 1959	807
1959	Rivière-du-Loup	19 août 1959	807
1960	Dorval	7 juin 1960	922
1961	Charlesbourg	14 mars 1961	684
1961	La Jemmerais (Montréal)	14 mars 1961	684
1961	Cross Point	28 septembre 1961	1993
1961	Québec (section anglaise)	28 septembre 1961	1993

Sources : Liste des Écoles normales, Département de l'Instruction publique, Service des Écoles normales, 1962, AQ, 07-33-06 ; Greffe de la Province, Conseil exécutif, Québec.

TABLEAU II. – AUGMENTATION DE LA POPULATION, ACCROISSEMENT NATUREL ET IMMIGRATION (NOMBRES ABSOLUS) AU QUÉBEC : 1901-1961.

Année	– 1 – Augmentation	– 2 – Accroissement naturel	– 3 – Immigration
1901-11	356 878	309 595	73 064
1911-21	354 734	430 148	52 902
1921-31	514 152	499 097	169 260
1931-41	457 220	456 900	30 961
1941-51	723 799	727 027	84 444
1951-61	1 203 530	991 923	329 683

	2 + 3	(2 + 3) – 1 = émigration
1901-11	382 659	25 781
1911-21	483 050	128 316
1921-31	668 357	154 205
1931-41	487 861	30 641
1941-51	811 471	87 672
1951-61	1 321 606	118 076

Sources : *Annuaire statistique,* 1914, p. 103 ; 1918, p. 139, 142 ; 1920, p. 59, 75 ; 1924, p. 76 ; 1939, p. 86, 102 ; 1956-57, p. 40, 41, 93, 116 ; 1961, p. 123, 133, 1962, p. 38.

TABLEAU III. – BREVETS DE CAPACITÉS ACCORDÉS PAR LE BUREAU CENTRAL DES EXAMINATEURS CATHOLIQUES, DEPUIS SA CRÉATION EN 1898

ANNÉES	Nombre des aspirants aux diplômes			Total des aspirants	NOMBRE DE DIPLÔMES ACCORDÉS									Total des diplômes accordés	Nombre d'aspirants qui ont échoué
	Elém.	Mod.	Acad.		Elém. fr.	Elém. ang.	Elém. fr. et ang.	Mod. fr.	Mod. ang.	Mod. fr. et ang.	Acad. fr.	Acad. ang.	Acad. fr. et ang.		
1898	642	385	6	1 033	315	30	33	157	33	42	4	...	1	615	418
1899	856	617	12	1,485	396	28	47	273	25	72	6	1	1	849	636
1900	962	631	15	1,608	526	22	42	299	29	56	7	2	1	984	624
1901	955	608	21	1,584	485	30	41	296	30	41	12	4	2	941	643
1902	910	599	27	1,536	655	35	52	373	47	87	19	2	6	1,276	260
1903	884	706	37	1,627	520	24	43	384	40	77	20	5	9	1,122	505
1904	918	690	45	1,653	637	26	32	495	30	85	24	5	12	1,346	307
1905	904	737	40	1,681	544	29	48	434	24	113	23	3	2	1,220	461
1906	920	720	51	1,691	528	17	43	352	32	79	33	6	5	1,095	596
1907	901	875	74	1,850	622	22	40	478	30	76	32	9	22	1,331	519
1908	833	860	104	1,797	397	11	31	516	32	117	45	3	24	1,176	621
1909	978	836	104	1,918	645	19	42	491	20	88	62	2	15	1,384	534
1910	848	904	122	1,874	624	20	59	609	17	77	56	1	23	1,486	388
1911	649	635	121	1,405	379	64	24	382	23	73	43	2	29	1,019	386
1912	847	904	148	1,899	557	20	29	548	23	81	79	4	42	1,383	516
1913	933	866	152	1,951	664	22	44	590	33	54	45	3	31	1,486	465

ANNÉES	Nombre des aspirants aux diplômes			Total des aspirants	NOMBRE DE DIPLÔMES ACCORDÉS									Total des diplômes accordés	Nombre d'aspirants qui ont échoué
	Elém.	Mod.	Acad.		Elém. fr	Elém. ang.	Elém. fr. et ang.	Mod. fr.	Mod. ang.	Mod. fr. et ang.	Acad. fr.	Acad. ang.	Acad. fr. et ang.		
1914	968	940	241	2,149	594	18	44	532	25	120	127	4	56	1,520	629
1915	1,208	1,087	250	2,545	766	22	57	748	40	140	102	10	75	1,960	585
1916	1,264	946	231	2,441	845	34	42	518	27	141	107	17	60	1,791	650
1917	1,280	1,056	267	2,603	1,035	30	56	682	23	178	139	13	71	2,227	376
1918	1,236	1,216	351	2,803	885	18	47	656	29	167	172	14	82	2,090	733
1919	1,147	1,192	359	2,698	777	17	77	637	21	193	191	13	105	2,031	667
1920	1,112	1,074	415	2,601	778	28	56	599	18	115	188	15	133	1,930	671
1921	1,102	1,142	480	2,724	665	26	57	642	34	187	213	5	157	1,936	738
1922	1,308	1,209	579	3,096	861	28	57	644	48	158	341	22	155	2,314	782
1923	1,364	1,393	658	3,415	797	34	54	724	83	234	291	29	262	2,508	907
1924 (Anciens diplômes)	253	163	52	468	176	3	1	113	4	22	20	1	21	363	105
Totaux	26,182	22,991	4,962	54,135	16,673	679	1,198	13,172	820	2,873	2,401	195	1,402	39,413	14,722

BREVETS DE CAPACITÉS ACCORDÉS PAR LE BUREAU CENTRAL DES EXAMINATEURS CATHOLIQUES, DEPUIS L'ADOPTION DES NOUVEAUX PROGRAMMES D'ÉTUDES EN 1923

ANNÉES	Nombre des aspirants aux diplômes		Total des aspi-rants	NOMBRE DE DIPLÔMES ACCORDÉS								Total des diplômes accor-dés	Nombre d'aspirants qui ont échoué
	Elém. taire	Supé-rieur		Elém. franc.	Elém. ang.	Elém. franc et ang.	Elém. ang. et franc.	Supé-rieur franc.	Supé-rieur ang.	Supé-rieur franc. et ang.	Supé-rieur ang. et franc.		
1924	1,526	892	2,418	868	37	121	6	341	49	208	10	1,640	778
1925	2,182	1,357	3,539	1,321	30	153	17	636	53	352	16	2,578	961
1926	2,361	1,298	3,659	1,362	40	123	26	658	82	325	18	2,634	1,025
1927	2,505	1,341	3,846	1,626	25	152	10	813	61	289	23	2,999	847
1928	2,321	1,501	3,822	1,328	27	147	10	851	47	330	14	2,754	1,068
1929	2,197	1,325	3,522	1,548	27	188	18	706	36	396	22	2,941	581
1930	2,147	1,407	3,554	1,424	21	148	9	765	39	347	16	2,769	765
1931	2,277	1,751	4,028	1,639	31	230	18	835	61	636	27	3,477	531
1932	2,374	1,965	4,339	1,594	42	233	18	903	81	608	32	3,511	828
1933	2,466	2,481	4,947	1,728	29	196	13	1,118	141	721	58	4,074	878
1934	2,464	2,480	4,953	1,642	24	183	17	924	49	660	34	3,533	1,420
1935	2,474	2,566	3,040	1,726	25	206	16	1,649	44	407	32	4,105	935
1936	2,076	2,338	4,414	1,447	16	126	19	1,276	39	602	42	3,567	847
Totaux	29,370	22,711	52,081	19,253	374	2,206	197	11,475	782	5,881	344	40,582	11,504

Source : *EP*, vol., 55, n° 5, janvier 1934, p. 375 ; vol., 58, n° 7, mars 1937, p. 472.

TABLEAU IV. – ÉCOLES NORMALES DE JEUNES FILLES PAR DIOCÈSE, SELON L'ORDRE D'ÉRECTION DES DIOCÈSES, 1857-1962.

Année d'érection	Diocèse	École normale
1674	Québec	Laval (filles) Beauceville Baie-Saint-Paul Lévis Saint-Damien Thetford Mines Pont-Rouge Limoilou Notre-Dame (Saint-Roch) Charlesbourg St. Joseph Teacher's College
1836	Montréal	Jacques-Cartier (filles) Ignace-Bourget Institut Pédagogique Cardinal-Léger St. Joseph Teacher's College Sainte-Marie-des-Anges Dorval Marguerite-de-La Jemmerais
1847	Ottawa	Hull (diocèse de Hull, 1963)
1852	Trois-Rivières	Trois-Rivières Sainte-Ursule Cap-de-la-Madeleine (Val-Marie) Shawinigan

TABLEAU IV. — SUITE

Année d'érection	Diocèse	École normale
1852	Saint-Hyacinthe	Saint-Hyacinthe (Marie-Rivier) Saint-Hyacinthe (Saint-Joseph) Granby Saint-Joseph-de-Sorel
1867	Rimouski	Rimouski Sainte-Rose-du-Dégelis Mont-Joli Amqui Matane Rivière-du-Loup
1874	Sherbrooke	Sherbrooke (C.N.D.) Sherbrooke (S.C.S.-C.) Disraéli Coaticook Lac-Mégantic
1878	Chicoutimi	Chicoutimi (Ursulines) Roberval Chicoutimi (N.-D. B.-C.) Dolbeau Saint-Joseph-d'Alma
1885	Nicolet	Nicolet Saint-Léonard-d'Aston Victoriaville Drummondville
1892	Valleyfield	Valleyfield section française section anglaise Rigaud
1898	Pembroke	Chapeau Fort-Coulonge

TABLEAU IV. — SUITE

Année d'érection	Diocèse	École normale
1904	Joliette	Joliette
1913	Mont-Laurier	Mont-Laurier
1915	Timmins	Ville-Marie
1922	Gaspé	Gaspé Havre-aux-Maisons Sainte-Anne-des-Monts Carleton Cross Point
1933	Saint-Jean	Saint-Jean Saint-Lambert
1938	Amos	Amos Senneterre Rouyn-Noranda
1945	Hauterive	Havre-Saint-Pierre (au début, G. S.-L.) Hauterive
1951	Sainte-Anne-de-la-Pocatière	Saint-Pascal (au début, diocèse de Québec) L'Islet (au début, diocèse de Québec)
1951	Saint-Jérôme	Saint-Jérôme (au début, diocèse de Montréal)
1963	Hull	Saint-André-Avellin (au début, diocèse d'Ottawa)

Sources : Liste des Écoles normales. Département de l'Instruction publique, Service des Écoles normales, 1962, AQ, 07-33-06 ; *Canada ecclésiastique*, 1951, 1953 et 1962.

TABLEAU V. — ÉCOLES NORMALES DE JEUNES FILLES AU QUÉBEC, PAR CONGRÉGATION RELIGIEUSE, SELON L'ANNÉE DE FONDATION DES COMMUNAUTÉS ENSEIGNANTES : 1857-1962.

| Communauté | | École normale |
date de fondation	nom	
1639	Ursulines	Laval (filles) Rimouski Trois-Rivières Gaspé Roberval Amqui
1658	Congrégation de Notre-Dame	Jacques-Cartier (filles) Joliette Saint-Pascal Sherbrooke Saint-Jean Baie-Saint-Paul Havre-aux-Maisons Institut pédagogique Victoriaville Saint-Jérôme St. Joseph Teacher's College Saint-Joseph-d'Alma Notre-Dame (Québec) Lac-Mégantic
1747	SS. Grises de Montréal	Marguerite-de-La Jemmerais
25 mars 1843	SS. de la Providence	Sainte-Ursule Saint-André-Avellin

18 octobre 1843	SS. des SS. NN. de Jésus et de Marie	Valleyfield
		    section française
		    section anglaise
		Saint-Lambert
		Disraéli
		Sainte-Marie-des-Anges

TABLEAU V. — SUITE

Communauté		École normale
date de fondation	nom	
20 février 1845	SS. Grises de la Croix	Hull Ville-Marie Fort-Coulonge Shawinigan Rouyn-Noranda
27 mai 1847	SS. de Sainte-Croix	Mont-Laurier Hauterive Ignace-Bourget
22 août 1849	SS. de la Charité de Québec	Havre-Saint-Pierre Lévis, transférée à Marguerite d'Youville Thetford Mines Carleton
1850	SS. de Sainte-Anne	Saint-Jérôme Rigaud Cardinal-Léger
1850	SS. du Bon-Pasteur	Chicoutimi L'Islet Matane
8 septembre 1853	SS. de l'Assomption de la Sainte-Vierge	Nicolet Amos Saint-Léonard-d'Aston Drummondville
19 octobre 1853	SS. de la Présentation de Marie	Saint-Hyacinthe Granby Coaticook
1855	SS. de Jésus-Marie	Beauceville
1874	SS. du Saint-Rosaire	Sainte-Rose-du-Dégelis Mont-Joli Cross Point
12 septembre 1877	SS. de Saint-Joseph	Saint-Hyacinthe Saint-Joseph-de-Sorel

TABLEAU V. — SUITE

Communauté		École normale
date de fondation	nom	
1890	Filles de la Sagesse	Dorval
13 novembre 1891	Petites Francis-caines de Marie	Dolbeau
28 août 1892	SS. de N.-D. du Perpétuel Secours	Saint-Damien de Bellechasse
12 octobre 1892	Servantes du Saint-Cœur de Marie	Limoilou (Québec)
4 novembre 1894	SS. de N.-D. du Bon-Conseil	Chicoutimi
1903	SS. de la Charité de Saint-Louis	Pont-Rouge
1903	Filles de Jésus	Cap-de-la-Madeleine
1904	SS. de Saint-François-d'Assise	Charlesbourg
1910	SS. de Saint-Joseph de Pembroke	Chapeau
6 novembre 1911	Filles de la Charité du-Sacré-Cœur de J.	Sherbrooke-Est
1913	SS. des Sacrés-Cœurs de Jésus et de Marie	Senneterre
1917	SS. de l'Enfant-Jésus	Rivière-du-Loup
29 septembre 1930	SS. de Saint-Paul-de-Chartres	Sainte-Anne-des-Monts

Sources : Liste des Écoles normales. Département de l'Instruction publique, Service des Écoles normales, 1962, AQ, 07-33-06 ; *Canada ecclésiastique*, 1962.

TABLEAU VI. – PROVINCE DE QUÉBEC
BUDGET GLOBAL,
BUDGET DE L'ÉDUCATION
ET BUDGET DES ÉCOLES NORMALES.

Année	Province en dollars	Instruction publique en dollars	Écoles normales en dollars
		1. Nombres absolus	
1857	2 916 312,00	424 208,00	68 456,00
1906	4 678 088,97	538 960,00	64 571,70
1940	81 099 391,61.	4 011 031,41	395 000,00
1962	844 180 059,00	197 569 143,00	4 443 500,00
		2. En pourcentage	
	I.P./Province	E.N./I.P.	E.N./Prov.
1857	11,12	16,11	2,35
1906	11,52	12,00	1,36
1940	5,00	9,85	0,49
1962	23,40	2,25	0,53

Sources : Les données pour l'année 1857 proviennent des *Statuts du Canada*, 1858, p. 54 et Appendice 43 et *Rapport du Surintendant*, non-paginé ; celles de 1906, dans le *Discours sur le Budget*, 31 janvier 1906, p. 57 ; celles de 1940, dans *L'État des Comptes publics de la Province de Québec*, p. ix, 233, 235 ; celles de 1962, dans l'*État des Comptes publics de la Province de Québec*, p. 37, 288.

TABLEAU VII. – ENSEIGNEMENT ÉLÉMENTAIRE ET SECONDAIRE DANS LA PROVINCE DE QUÉBEC : ÉCOLES CATHOLIQUES, PERSONNEL ENSEIGNANT, ÉLÈVES INSCRITS.

Année	Écoles	Personnel enseignant	Institutrices	Élèves inscrits
1857-58	2 946	—	—	148 798
1901-1902	5 058	8 885	7 749	284 569
1907-08	5 520	10 206	8 735	310 917
1917-18	6 463	14 136	11 879	412 461
1927-28	7 175	17 720	14 532	492 225
1937-38	8 351	21 594	17 258	570 631
1940-41	8 654	22 433	17 910	565 601
1941-42	8 656	22 746	18 138	556 429
1942-43	8 746	22 967	18 273	551 484
1943-44	8 797	23 206	18 468	551 144
1944-45	8 770	23 511	18 646	544 491
1945-46	8 777	23 697	18 771	543 096
1946-47	8 874	24 336	19 251	547 357
1947-48	8 920	24 829	19 750	561 149
1948-49	8 960	25 396	20 340	578 239
1949-50	8 986	25 965	20 816	605 709
1950-51	9 091	27 518	22 165	623 101
1951-52	9 119	28 629	23 088	654 048
1952-53	9 162	30 059	24 330	686 460
1953-54	9 343	31 781	25 697	732 916
1954-55	9 270	33 879	27 597	780 286
1955-56	9 183	35 837	29 339	820 385
1956-57	9 084	37 728	30 815	856 054
1957-58	8 833	38 577	31 349	901 528
1958-59	8 502	41 194	33 343	949 204
1959-60	8 152	43 311	34 872	990 037
1960-61	7 526	45 234	36 117	1 039 868
1961-62	6 822	48 957	38 617	1 095 992

Sources : *Journal de l'Instruction publique*, 1860, p. 125 ; *Annuaire statistique*, 1914, p. 110, 1931, p. 89 ; 1942, p. 132 ; 1959. p. 187 : 1962, p. 151, 1963, p. 242.

TABLEAU VIII. – ÉCOLES NORMALES DE FILLES DE LA PROVINCE DE QUÉBEC, NOMBRE D'ÉLÈVES, NOMBRE DE DIPLÔMÉES, 1857-1962.

Année	Nombre d'écoles	Nombre d'élèves	Diplômées
1857-58	1	40	8
1858-59	1	52	27
1859-60	1	54	27
1860-61	1	53	21
1861-62	1	48	21
1862-63	1	52	26
1863-64	1	49	27
1864-65	1	55	20
1865-66	1	57	22
1866-67	1	55	24
1867-68	1	73	39
1868-69	1	73	50
1869-70	1	80	42
1870-71	1	59	39
1871-72	1	56	50
1872-73	1	54	44
1873-74	1	56	45
1874-75	1	60	41
1875-76	1	63	52
1876-77	1	61	50
1877-78	1	63	48
1878-79	1	66	52
1879-80	1	63	45
1880-81	1	60	44
1881-82	1	64	51
1882-83	1	62	49

TABLEAU VIII. — SUITE

Année	Nombre d'écoles	Nombre d'élèves	Diplômées
1883-84	1	61	49
1884-85	1	67	56
1885-86	1	61	56
1886-87	1	62	52
1887-88	1	68	54
1888-89	1	79	68
1889-90	1	64	56
1890-91	1	64	56
1891-92	1	65	59
1892-93	1	66	58
1893-94	1	61	57
1894-95	1	69	61
1895-96	1	71	68
1896-97	1	63	56
1897-98	1	66	55
1898-99	1	61	64
1899-1900	2	98 (30 à Montréal)	82
1900-01	2	128	112
1901-02	2	128	84
1902-03	2	143	114
1903-04	2	141	111
1904-05	2	157	117
1905-06	2	127	105
1906-07	3	192	151
1907-08	4	233	182
1908-09	7	409	317
1909-10	8	486	359

TABLEAU VIII. — SUITE

Année	Nombre d'écoles	Nombre d'élèves	Diplômées
1910-11	8	507	320
1911-12	10	537	340
1912-13	11	743	423
1913-14	11	918	485
1914-15	11	856	551
1915-16	11	977	595
1916-17	11	1029	624
1917-18	11	1163	639
1918-19	11	922	517
1919-20	11	1140	646
1920-21	11	1050	626
1921-22	11	1044	622
1922-23	12	1130	681
1923-24	14	1184	360
1924-25	15	1330	492
1925-26	16	1437	559
1926-27	16	1487	580
1927-28	17	1568	572
1928-29	17	1604	634
1929-30	17	1675	650
1930-31	17	1676	642
1931-32	18	1722	717
1932-33	18	1570	737
1933-34	18	1428	620
1934-35	18	1396	594
1935-36	19	1447	529
1936-37	21	1978	709
1937-38	21	2281	967
1938-39	22	1741	907

TABLEAUX VIII. — SUITE

Année	Nombre d'écoles	Nombre d'élèves	Diplômées
1939-40	23	1781	703
1940-41	26	2206	915
1941-42	30	2456	1085
1942-43	32	2812	1158
1943-44	32	3241	1357
1944-45	33	3578	1601
1945-46	36	4146	1744
1946-47	38	4396	2022
1947-48	41	4617	2042
1948-49	44	4689	2208
1949-50	45	4679	2224
1950-51	46	4747	2279
1951-52	47	4833	2256
1952-53	48	4978	2254
1953-54	49	4476	2571
1954-55	51	4297	1560
1955-56	54	5410	2589
1956-57	59	5850	3395
1957-58	61	4233	3769
1958-59	65	5433	4605
1959-60	68	5534	4437
1960-61	68	6698	5169
1961-62	72	8303	5601

Sources : *L'Instruction publique*, vol. 1, n° 8, août 1857, p. 652-53-54 ;
RSIP, 1956-57, p. 40 ; 1960-61, p. 81-82 ; 1961-62, p. 347, 357.

TABLEAU IX. – FERMETURE DES ÉCOLES NORMALES DE JEUNES FILLES, 1963-1974.

Écoles	Nombre d'élèves	Brevets décernés	Année de fermeture
Région 1 – Gaspésie – Rive-Sud			
Amqui	57	B	1965
Mont-Joli	140	B et A	1965
Cross Point		B	1967
Sainte-Rose-du-Dégelis	69	B	1967
L'Islet	77	B	1968
Rimouski	148	B et A	1968
Sainte-Anne-des-Monts	46	B	1968
Saint-Pascal	110	B et A	1968
Carleton	57	B	1969
Matane	66	B	1969
Rivière-du-Loup	105	B	1969
Havre-aux-Maisons	30	B	1970
Gaspé	74	B	1972

Sources :   Le nombre des élèves est tiré des rapports des principaux aux années 1962-63.

Les catégories de brevets et la date de fermeture, sont tirés de : *Annuaire des Écoles normales,* 1965 p. 16-21 ; *Rapport du ministre de l'Éducation,* 1966-67, p. 50 ; 1967-68, p. 64 ; 1968-69, p. 64 ; *Premier rapport de la Mission de coordination des institutions de formation des maîtres,* fév. 1969, p. 13-84 ; *L'éducation au Québec en 1971,* p. 213-214 ; plus une correspondance avec les communautés et une entrevue avec M. Roger Ruel, adjoint à l'ex-direction des Écoles normales.

Tableau IX. — Suite

Écoles	Nombre d'élèves	Brevets décernés	Année de fermeture
Région 2 — Saguenay — Lac-Saint-Jean			
Alma	66	B et A	1965
Chicoutimi (Bon Conseil)	214	B et A	1967
Chicoutimi (Bon-Pasteur)	330	B et A	1968
Dolbeau	151	B et A	1968
Roberval	108	B	1968
Région 3 — Québec			
Charlesbourg	40	B	1966
Baie-Saint-Paul	88	B	1967
Limoilou	180	B et A	1967
Beauceville	157	B et A	1969
Notre-Dame-de-Québec	230	B et A	1970
Québec : St. Joseph's		B	1971
Saint-Damien-de-Bellechasse	130	B et A	1971
Lévis (transférée à Marguerite-d'Youville, Québec)	134	B	1972
Pont-Rouge	146	B et A	1972
Laval de Mérici	178	B et A	1972
Région 4 — Trois-Rivières			
Saint-Léonard	93	B	1964
Cap-de-la-Madeleine	209	B et A	1967
Sainte-Ursule	94	B	1967
Nicolet	171	B et A	1969
Shawinigan	94	B	1969
Trois-Rivières	147	B et A	1970

Tableau IX. — Suite

Écoles	Nombre d'élèves	Brevets décernés	Année de ferme-ture
Région 5 — Cantons de l'Est			
Coaticook	62	B et A	1965
Lac-Mégantic	24	B	1965
Victoriaville	110	B	1965
Disraéli	37	B	1966
Drummondville	78	B	1966
Sherbrooke (Marguerite-Bourgeois)	177	B et A	1966
Granby	103	B	1968
Sherbrooke (S. C. du S.-C.)	211	B et A	1969
Thetford	135	B	1971
Région 6 — Montréal			
Rigaud	74	B	1965
Mont-Laurier	99	B	1965
Saint-Hyacinthe (St-Joseph)	116	B	1966
Sorel	79	B	1966
Saint-Jean	94	B	1968
Valleyfield (section française)	123	B et A	1968
(section anglaise)	74	B	1967
Joliette	200	B	1969
Saint-Hyacinthe (Marie-Rivier)	195	B et A	1969
Saint-Jérôme	148	B	1969
Région 7 — Montréal métropolitain			
Dorval	99	B	1965
Notre-Dame	307	B	1966
Sainte-Marie-des-Anges	230	B et A	1966
Marguerite-de-la-Jemmerais	86	B	1967
Ignace-Bourget	117	B et A	1968
St. Joseph's		B et A	1970
Cardinal-Léger	520	B et A	1971
Saint-Lambert	255	B et A	1971
Institut Pédagogique	253	B et A	1974

Tableau IX. — Suite

Écoles	Nombre d'élèves	Brevets décernés	Année de fermeture
Région 8 — *Outaouais*			
Fort-Coulonge	45	B	1963
Saint-André-Avellin	46	B	1965
Hull	142	B et A	1968
Chapeau	49	B	1969
Région 9 — Abitibi-Témiscamingue			
Senneterre	38	B	1965
Ville-Marie	61	B	1965
Rouyn	93	B	1968
Amos	171	B et A	1970
Région 10 — Côte-Nord			
Havre-Saint-Pierre	22	B	1967
Hauterive	70	B et A	1969

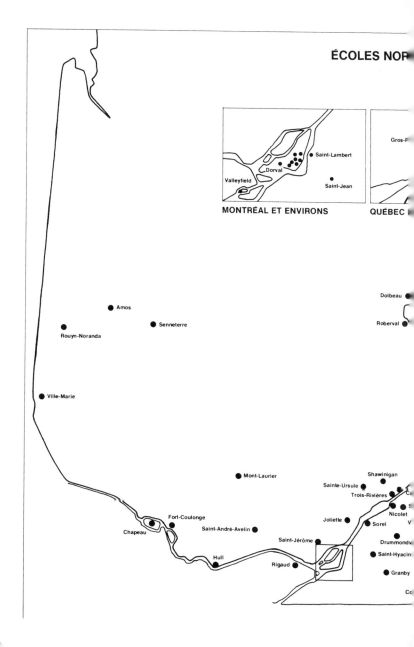

ÉCOLES NOR

MONTRÉAL ET ENVIRONS

Saint-Lambert
Dorval
Valleyfield
Saint-Jean

QUÉBEC

Gros-P

Dolbeau

Roberval

Amos

Senneterre

Rouyn-Noranda

Ville-Marie

Mont-Laurier

Shawinigan

Sainte-Ursule

Trois-Rivières

Ca

S

Nicolet

Fort-Coulonge

Joliette

Sorel

V

Chapeau

Saint-André-Avelin

Saint-Jérôme

Drummondv

Saint-Hyacin

Hull

Rigaud

Granby

Co

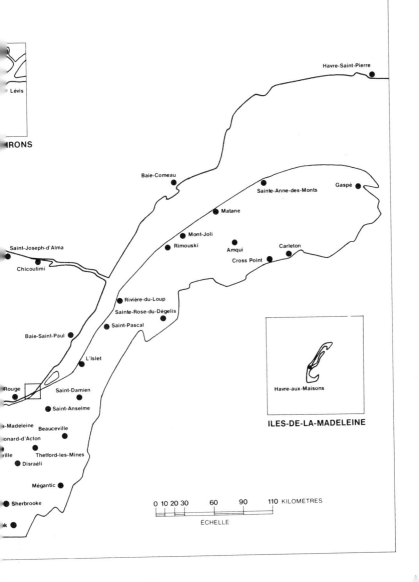

S DE FILLES

Havre-Saint-Pierre

Lévis

IRONS

Baie-Comeau

Gaspé

Sainte-Anne-des-Monts

Matane

Mont-Joli

Saint-Joseph-d'Alma

Rimouski

Amqui

Carleton

Cross Point

Chicoutimi

Rivière-du-Loup

Sainte-Rose-du-Dégelis

Saint-Pascal

Baie-Saint-Paul

L'Islet

Rouge

Saint-Damien

Saint-Anselme

a-Madeleine

Beauceville

onard-d'Acton

ville

Thetford-les-Mines

Disraéli

Mégantic

Sherbrooke

ok

Havre-aux-Maisons

ILES-DE-LA-MADELEINE

0 10 20 30   60   90   110 KILOMÈTRES

ECHELLE

Index

A

Alma, *152-153*.
Amos, *83-84*, 111.
Amqui, *133-134*, 165.

B

Baie-Saint-Paul, *88-90*, 125, 131,
138, 154.
Beauceville, *84-85*, 124.

C

Cap-de-la-Madeleine, *144*.
Cardinal-Léger, *155*, 190.
Carleton, *128-129*, 141.
Chapeau, *122-123*, 137, 139-140,
165.
Charlesbourg, *150*.
Chicoutimi :
    Bon-Conseil, *124-126*, 188.
    Bon-pasteur, *64-65*, 124, 125,
    131, 188.
Coaticook, *148*.
Cross Point, *141-142*.

D

Disraéli, *147-148*.
Dolbeau, *137-138*, 188.
Dorval, *137-138*, 150, 156, 187.
Drummondville, *152*.

F

Fort-Coulonge, *137*, 140, 147, 165,
187.

G

Gaspé, *79-81*, 165, 190.
Granby, *153*.

H

Hauterive, *138-139*.
Havre-aux-Maisons, *90-91*, 111.
Havre-Saint-Pierre, *123*.
Hull, *67-68*, 144, 151, 165.

I

Ignace-Bourget, *154-155*.
Institut pédagogique, *155*, 190

J

Jacques-Cartier, devenu Notre-
Dame, *62-63*, 98-99, 104, 154,
162, 163.
Joliette, *69*, 101.

L

Lac Mégantic, *153*, 187.

Laval de Mérici, 29, 31, *39-50*, 73, *95-98*, 154. *162-163*, 190.
Lévis, devenu Marguerite d'Youville, *123-124*, 154
Limoilou, *154*.
L'Islet, *136-137*, 165.

M

Marguerite de la Jemmerais, *150*, 156.
Matane, 129, *132-133*, 134.
Mont-Joli, *131-132*, 134, 141.
Mont-Laurier, *81*, 154, 187.

N

Nicolet, 64, *66-67*, 165.
Notre-Dame de Québec, *154*.

P

Pont-Rouge, *146-147*, 154, 190.

Q

Québec – St. Joseph's, *141*.

R

Rigaud, *145*, 147, 187.
Rimouski, 62, *63-64*, 83, 131.
Rivière-du-Loup, *149-150*, 153.
Roberval, 86-87, 101, 124, 125, 130, 188.
Rouyn-Noranda, 148.

S

Saint-André-Avellin, *144*, 147, 187.
Saint-Damien, *134-136*, 154, 190.
Saint-Hyacinthe :
    Marie-Rivier, 68-69
    Saint-Joseph, *142-143*.
Saint-Jean, *82-83*.
Saint-Jérôme, *85-86*.
St. Joseph's, *140-141*.
Saint-Lambert, *144-145*, 154, 189, 190.
Saint-Léonard, *143-144*, 152, 187.
Saint-Pascal, *70-71*, 104, 127, 128, 147.
Sainte-Anne-des-Monts, *127-128*, 147.
Sainte-Marie-des-Anges, *155*.
Sainte-Rose-du-Dégelis, *129-131*.
Sainte-Ursule, *87-88*.
Senneterre, *149*, 150, 187.
Shawinigan, *152*.
Sherbrooke :
    Marguerite-Bourgeoys, 70, *71-72*.
    S.C. du S.-C., *148-149*, 189.
Sorel, *153*.

T

Thetford, *146*, 190.
Trois-Rivières, 64, *65-66*.

V

Valleyfield :
    section française, *68*.
Victoriaville, *126-127*, 147, 187.
Ville-Marie, *82*, 187.

Table des matières

Abréviations 7
Avant-propos 9

PREMIÈRE PARTIE : Développement au ralenti 13
1. Origines des écoles normales (1800-1840) 15
    La société du Bas-Canada de 1800 à 1840 15
    Les débuts du système scolaire 17
    Les premières tentatives de formation des maî-
    tres 19
    La Loi des Écoles normales de 1836 et les pre-
    mières normaliennes 21

**2. L'École normale Laval et sa section féminine
(1841-1898)** 29
    Le Québec de 1840 à 1900 29
    L'établissement du système scolaire 32
    La loi de 1856 et l'établissement des centres
    pédagogiques 34
    La fondation de l'école normale des Ursulines
    en 1857 39
    Le fonctionnement de l'école normale des Ur-
    sulines 42

DEUXIÈME PARTIE : Développement modéré 53

**3. Les écoles normales diocésaines de jeunes filles
(1899-1922)** 55

Le Québec de 1900 à 1940 56

La situation scolaire 60

Des normaliennes pour les anciens diocèses 62

4. Les écoles normales diocésaines de jeunes filles (1923-1939) 79

Écoles normales dans les nouveaux diocèses 79

Nouvelles fondations dans les anciens diocèses 84

5. Fonctionnement des écoles normales diocésaines (1899-1939) 95

Financement 95

Organisation pédagogique 102

TROISIÈME PARTIE : Développement accéléré et disparition rapide 115

6. Plein essor des écoles normales de jeunes filles (1940-1962) 117

Le Québec de 1940 à 1962 118

La stabilité du système scolaire 120

Multiplication des écoles normales de jeunes filles 122

7. Fonctionnement des écoles normales de jeunes filles (1940-1962) 161

Financement 162

Organisation pédagogique 167

Contributions et insuffisances 172

8. Fin des écoles normales de jeunes filles (1963-1974) 181

Derniers efforts d'adaptation 182

Interventions du gouvernement 184

Fermeture des écoles normales de jeunes filles 187

Conclusion 193

Bibliographie 197

Appendice : tableaux 207
                   carte 231

Index   235